日本の住まいで楽しむ

[illegible]インテリアのベーシック

Viipuri Municipal Library: Masterpiece of Functionalism
ALVAR
Reviving the hidden treasure The international project to save Alvar Aalto's heritage
VIIPURI LIBRARY 1930:1935

NORDUR SALT

13
GOOD LIFE COFFEE
DROP COFFEE ROASTERS

はじめに

探していた「普通」が、北欧にあった

どんな家に住みたい？　と聞かれた時に、いつも浮かんでくる言葉は「普通の家がいい」でした。適当な答えに聞こえるかもしれませんが、以前は素敵なインテリアというとお金をかけた豪邸だとか、雑誌で紹介されているようなデザイン家具でビシッと整えられた部屋……そんなイメージしか思い浮かばず、住まいへの興味はあるものの、どこか斜に構えて「いや、もっと普通でいいんだけどな」と思っていたのでした。それが北欧を訪れてみたら、理想の「普通」があったのです。

北欧のインテリアは、日本だけでなくアメリカや他のヨーロッパからも「スカンジナビアン・スタイル」として注目され、いまやひとつのジャンルとして確立しています。昨今また熱が高まっている感がありますが、そのブームの源は１９５０年代頃までさかのぼります。おそらく北欧の「普通」のスタイルは、時代や国境を超えて多くの人の心を捉えるのでしょう。

北欧インテリアというと、機能的で美しい家具をはじめ、名作照明や椅子、カラフルなプリントテキスタイルなどの要素があげられます。でも実際に家を訪ねたり、本や映画で北欧の住まいを目にしていくと、必ずしもそうしたものがばっちり揃っているわけでもありません。そしてインテリアやデザインに興味のある人だけが心地よさそうな家に住んでいるわけではないのです。もちろん住まいづくりの達人はたくさんいますが、住まいのベーシックな部分がよいから、それほど手間をかけずとも、そこそこ素敵な空間になるのかなあと思うことがしばしばあるのです。

デンマークの友人と伝統料理であるオープンサンドの食べ方について話していた時、私が「いろいろと組み合わせや食べ方のルールがあるのね」と言ったら「うーん、ルールではないよ」と返されました。何気なく使ったルールという言葉は彼らにとってはおそらくスポーツの規定のような、反則してはいけない決まりごとのような響きがあったのでしょう。ああ、それってインテリアにもいえるかもしれないなと思ったのが、この本をまとめるきっかけとなりました。

住まいのベースとなる部分のつくり方。色やデザインを積極的に楽しみ、取り入れるアイデア。それは「こうでなければ」というルールではなくて、知っておくとアレンジもできる基礎でありベーシックな考え方です。そこをうまく捉えられれば、日本でも北欧の住まいのような「普通」に素敵なインテリアが叶えられるのでは、と思ったのです。

北欧のインテリアを見ていると、住まいをもっとよくしたい！　という思いが湧きあがってきます。はじめて北欧の国々を訪れてから15年が経ちましたが、何度訪れてもやはり住まいをのぞくのは楽しく、部屋のすみずみまで観察したくなってしまいます。そして繰り返し訪れるうちに「居心地のよさって、そういうことか」と気づける部分も増えてきました。それでは北欧の家で見つけたベーシックと、築87年になる日本の家での取り入れ方を、これからご紹介していきたいと思います。

もくじ

1.

北欧の家で見つけた
インテリアのベーシック

家族のように付き合う友人の家をはじめ、
住まいづくりのアイデアをくれる3つの部屋をのぞいて、
インテリアのベーシックを見ていきましょう。

北欧の家で見つけた
インテリアのベーシック

1.

KIRSTEN's House

キルステンの家

キルステンの家はコペンハーゲン中心部から電車で20分ほどの街、ゲントフテにあります。近隣の市庁舎や学校も手掛けた建築家が40年代に建てたテラスハウス式の集合住宅で、ほぼ同じ間取りの家が並んでいる様子は長屋のよう。10年ほど前にキルステンと知り合ってからは毎年のように訪れていて、数日間から数週間ほど滞在させてもらうこともあります。私が泊まる部屋はいまでは冗談交じりに「あなたの部屋」と呼ばれ、キッチンも地下の納戸も、どこに何が置いてあるかだいたい把握しています。勝手知ったる私の「北欧のおうち」なのです。

第一印象は、「へえ、そんなに広くないんだ」。日本の一般的な住居と変わらないコンパクトな住まいに親しみがわきました。ダイニングの大きな窓から庭が見えて住みやすそうな家だなと感じました。実際に滞在してみるとトイレは2階にしかなく、「私の部屋」はスーツケースを広げられないほど小さくていつも荷物整理に四苦八苦するのですが、でもやっぱり居心地がよいのです。

ビンテージデザインが大好きなキルステンにとって蚤の市やリサイクルショップめぐりは日課のようなもの。目利きの彼女が見つけた器やキッチン道具は訪れるたびに増えていて、宝探しをしているかのようにワクワクと家のなかを眺めてしまいます。

娘家族や息子家族もみなコペンハーゲン近郊に暮らし、私が訪れる時にはみんなに声をかけてホームパーティを開くのが定番となりました。キルステン曰く、子育てや仕事で忙しいみんなが一斉に集まるちょうどいい口実になっているのだとか。春や夏の日だったら庭のテーブルで食べるのがお約束。子どもも入れると総勢10名以上になりますが、小さなテーブルをくっつけてみんなでぎゅぎゅっと座っていただきます。時折、庭の垣根をくぐってお隣の子どもや猫が遊びに来たり、キッチンの窓の向こうを通りがかったお隣さんと軽くおしゃべりをしたり、程よい距離感の近隣付き合いもこの家の魅力です。

春は花でいっぱいになる庭。天気がよければ普段の食事や読書もおひさまの下で楽しむ。家具のペンキ塗りや、手入れをするのも庭で。

3

1

4

2

1. 2階には小さな部屋が3つとバスルームがある。階段を上がってすぐの扉の向こうが「私の部屋」。廊下にはカラフルなマット。　**2.** 階段には旅先でみつけた各地のおみやげや、アートの先生をしていた夫のヘンリクが見つけたアイテムが並ぶ。　**3.** 細長いキッチンは突き当りに大きな窓。光の差し込む朝の時間はとくに気持ちいい。　**4.** リビングの書棚まわりにはスタンドライトとアームライトがあり、十分な明るさで読書ができるコーナーに。

Dining Room

窓から光が差し込む気持ちのいいダイニング。キルステンの席は向かって右側。キッチンに近く、窓越しに庭の緑が見える。

①

食卓のライティングは ぐっと低い位置に

食卓のペンダント照明はかなり低めの位置に吊るす。食卓を照らすだけの明るさがあれば十分で、心地よさを重視。卓上のキャンドルと組み合わせることもある。

②

繰り返し並べて リズムをつくる

壁に取り付けた黒い扉の棚は、同じ型を上下に並べて配置。同じものを繰り返してリズムをつくるワザは、照明や、窓辺に飾る雑貨などにも見られる。

⑦

心地よいダイニングに かかせない窓の景色

こぢんまりとしたダイニングは庭に面した大きな窓が印象的。開放感があり、庭との一体感が出る。窓辺には、お気に入りのオブジェや花器、植物をずらりと並べて。

⑤

明るいダイニングの鍵は 白がベースの空間づくり

大きな窓から取り込んだ光を反射して、空間を明るくしているのは真っ白い壁と天井、そして白木の床。窓枠や建具も白で、窓辺に並べた植物や陶器の色が映える。

③

オブジェのように フラワーベースを並べる

フォルムの美しい花器は、花をいけていない時も見える場所に置いて、部屋の装飾としても楽しむ。雰囲気の似ている花器を並べてまとまり感を出す。

⑧

白い壁を活かし、 空間を引き締めるのは絵

壁に絵をかけるのは北欧インテリアの定番。時折、かけ替えて変化も楽しむ。正方形の額にすると右にある2つの棚と形が合って、まとまり感が出る。

⑥

ビンテージ家具で、 自分らしい空間に

照明、テーブル、椅子とすべてビンテージ製品。友人から譲り受けたもの、フリーマーケットで見つけたものなど、それぞれのものがもつ物語が食卓の話題にのぼることも。

④

気負わずに 日々、生花を飾る

食卓には庭から摘んできた花を無造作に飾る。冬の間も生花はかかさず、窓辺にもみずみずしい植物を置く。自然と近い暮らしを好む北欧の人らしい日々の習慣。

Living Room

ダイニングと同じく、白い壁に白木の床。家具のサイズや色を吟味することで、圧迫感のない空間をつくり出している。

④

ソファにはクッションを並べて、色や柄をプラス

ソファや椅子にはカラフルな柄やぬくもりのある素材のクッションをいくつも並べて心地よさをアップ。柄合わせや色合わせを楽しめるアイテム。

③

灯りがついていなくても存在感のある照明

リビング正面の窓と窓の間にはユニークなデザインの照明が。照明器具は機能性だけでなくデザインも重視し、使っていない時も部屋のアクセントになっている。

①

部屋の隅には照明を。小さな灯りを重ねていく

天井には照明はなく、部屋のあちこちに小さな灯りを置いて明るさをつくる。暗くなりがちな部屋の隅は、デスクライトやスタンドライトを配して明るく照らす。

②

窓辺は絶好の飾る場所。お気に入りを並べて

北欧の家の外壁は断熱材がしっかり入っているため壁が厚く、窓台の奥行きが深い。出窓のようなスペースには植物や照明、お気に入りの雑貨などを並べる。

収納棚やソファ、コーヒーテーブルと家具の数は多いが、淡い色や白の家具を選ぶことで圧迫感のない空間に。

⑧

家具の色は、部屋全体になじむトーンに

壁際の棚は淡いブルーグレー、コーヒーテーブルは白と、壁や床になじむ色味をチョイスして圧迫感を減らす。好みの色にペイントしたりと、住みながら調整する人も。

⑨

家具選びはサイズが命。とくに奥行きは大切

北欧の都市部はこぢんまりとした家も多く、家具も小ぶりなものが案外と多い。時間をかけて探したという奥行き浅めのソファは、小さなリビングにぴったりのサイズ感。

⑥

目的に合わせて適した灯りを置く

ソファ横には読書用にスタンドライトを配置。必要な場所には専用の灯りを配して明るさをキープする。灯りの役割を見極めることも大事。

⑦

絵は気軽に買って、壁に飾ることも忘れない

老若男女を問わず、気軽に絵を飾る北欧の人々。リサイクルショップや蚤の市でも絵を売っている。壁には絵やポスター、布など何かしら飾ることを忘れない。

⑤

日々を豊かにする本の居場所も確保

棚の上には写真集を開いて置き、インテリアに深みを与えている。読書家が多く、本を贈る文化も根付いている北欧では、部屋のなかでの本の存在感も大きい。

ふきんやトレーなどを収納している窓の下のスペースには、生成りのリネンで目隠しをしてすっきり見せている。

③

照明は2灯。作業スペースを効率よく照らす

照明はワークトップ上に2灯を並べて手元をしっかりと照らす。2つの灯りを繰り返し、並べて照らすのは北欧キッチンでよく見る灯りづかいの定番スタイル。

④

ごみ箱は扉の中に。見せたくないものは隠す

ごみ箱はシンク下の扉の内側に設置。作業のじゃまになりがちなごみ箱の賢い解決法で、定番のアイデア。見せたくない部分は隠す北欧式インテリアのワザが活きている。

②

日々使う、数ある道具はまとめて置く

日々の調理で出番の多いカッティングボード。サイズがまちまちでいくつもあるものの、まとめて置くことでごちゃごちゃ感をなくし、上手に見せる収納に。

①

食器や食材は白の壁面収納のなかに

食器や食材をしまう大きな壁面収納も、壁やワークトップと同じ白で統一。高さと奥行きのある収納棚に、普段づかいの食器も来客用のプレートもしっかり収納。

お気に入りのキッチン道具はオープンシェルフで見せる収納に。ワークトップやタイルも白で統一され、ビビッドな色が際立つ。

⑨

出しっぱなしOKの
カラフルな調理器具

色づかいもデザインも素敵なホーローの鍋はコンロ上が収納の定位置。棚に並んだビンテージのキャセロールやコーヒーポットとともにキッチンを心躍る空間にしている。

⑦

キッチンにも絵を飾って
作業時間を楽しく

機能重視になりがちなキッチンにも好みのアートをプラス。換気扇上の汚れにくいスペースに飾っている。キッチン用品を刺繍したテキスタイルが空間によく合う。

⑧

白いキッチンに映える
小さな色のアクセント

建てられた当時からそのままというシンク下の収納棚は、扉のつまみを明るいブルーに交換。棚に並ぶビンテージ食器とも色がなじみ、白ベースの空間のアクセントに。

⑤

昔のデザインを
自分流に使いこなす

シンク上にあるガラスの引き出しが付いた棚は、スパイス類をしまう昔ながらのデザイン。もともとは直接スパイスを入れる仕様だが、瓶ごと入れたりと自分流で使いこなす。

⑥

日常づかいのカトラリーも
かわいく収納する

カトラリー類は、デンマーク語でそれぞれスプーン、ナイフ、フォークと書かれた陶製スタンドに。統一感があり、来客が多い時には容器ごと出すこともできて便利。

③

部屋を照らすのは太陽光とデスクライト

窓からたっぷりと太陽の光が差し込むこの部屋は、天井に照明がなく、ベッドサイドや窓辺の小さなデスクの上にデスクライトを置いて明るさを確保している。

④

小さな部屋も主役はやっぱり窓

窓の手前には小さなライティングデスクが置かれ、窓辺には鳥のオブジェやキャンドルが並ぶ。寝室なので窓にロールスクリーンがあるが、白にすることで存在感を消している。

①

プリントポスターで気軽に壁を飾る

寝室の壁にあるのは著名な絵をプリントしたポスター。ベッド脇に飾っている孫たちの写真と合わせて少女の絵柄に。家具のほとんどない小さな空間に表情を与えている。

②

小さな白い部屋を彩るのはクッション

ベッド上には同柄のクッションをいくつも並べて。シンプルな空間のアクセントとなり、柄を繰り返すことで上品にまとまっている。ベッドカバーは白にして、クッションの色を引き立てている。

< Window Collection >

どの部屋の窓辺を見ても、目をひくオブジェや植物、グッドデザインの照明やキャンドルが並んで小さなギャラリーのようになっている。孫たちのおもちゃや図工の作品が飾ってあったり、キッチンの窓辺には普段使う道具も置かれ、この家の歴史や暮らしをのぞいているよう。キッチンの窓の向こうは隣人が通り、外から見ても楽しい窓辺になっている。同じ鉢植えや同素材のオブジェを繰り返し並べたり、光の反射が楽しめる色ガラスを集めて並べたりと、飾り方が本当に上手。何より、とっておきのものを飾る場所が家のあちこちにあるのがいい。

いつも泊まる「私の部屋」は、シングルベッドとベッド横に棚が置けるだけの小さな造り。屋根裏部屋のようになっている。

⑤

テキスタイルを絵のように楽しむ

テキスタイルを額装して絵のように飾る。明るいイエローのテキスタイルが窓の光とともにデスクまわりを心地よくしている。

北欧の家で見つけた
インテリアのベーシック

2.

MARIA's House

マリアの家

マリアと知り合ったのは、私が愛読し、取材をしたこともある雑誌の編集長からの紹介でした。ストックホルム市庁舎から徒歩圏内と、街のど真ん中にある彼女のアパートは1930年代の建物で、エスカレーターの扉は手動式と映画に出てきそうなクラシックな造り。それが、玄関の扉を開けるとポップアンティークの宝箱のような明るく楽しい空間が広がっていました。

大きな窓に囲まれた広いリビングはまるでテキスタイルのショールームのよう。天井から床まで届くカーテン、壁にかけた大きなファブリックボード、存在感のあるラグとどれも華やかな色づかいで、赤やオレンジと強めの色が多いのに、うるさくならず品よくまとまっていることにも驚きました。キッチンの棚にも缶やフィギュアが並び、かわいいものがそこらじゅうにある部屋ですが、嫌みなくまとめてしまうセンスに脱帽でした。「テキスタイルは私の人生」と話すマリア。2か月に一度は部屋中のテキスタイルを替えて楽しんでいるそうで、最初に訪れた5月の日には『5月の太陽』と名付けられたテキスタイルがダイニングの窓を彩っていました。リビングにある棚をのぞくと、お宝とおぼしき布がぎっしり。ランプシェードにしたり、椅子の座面に貼ったり、テキスタイルってこんな風に楽しめるんだ！　と感動しきりでした。一方で、壁に吊るしたテキスタイルの裾を見るとヘアピンで留めてあるだけだったりと、そんな気軽さにも大いに影響を受けました。それ以来、テキスタイルの師匠として、デザインのことや使い方のアイデアなど、たくさん学ばせてもらっています。

「60年代の明るい色のデザインが好き」と話すマリア。ポップな色づかいが部屋ごとに上手にまとまっている。

ヘリンボーン柄の床や扉枠など時代を感じさせる部屋の造りが、強いカラーのアイテムをやわらかく受け止めている。

Dining Room

キッチン脇にある小さなダイニングスペースにもお気に入りのデザインがひしめく。色の組み合わせと、統一感が見事。

テキスタイルに合わせて椅子や棚のオブジェも赤系に。家具と床の木の色が落ち着きをプラス。

①

大きなテキスタイルを
壁紙のように楽しむ

壁にはテキスタイルを天井近くから吊るして壁紙のように見せる。思いきりよく使うことで大きな柄が映える。季節に合わせて替えて、壁紙以上に色や柄を楽しんでいる。

②

窓辺にはカラフルな
ガラスのアイテムを

光を反射する色ガラス製品を窓辺に置くのは北欧インテリアの定番。同シリーズのキャンドルホルダーを並べているのでまとまり感があり、色や形の違いが目に面白い。

③

自然を身近に感じる
植物もかかさない

鉢植えの植物も窓辺の定番アイテム。みずみずしいグリーンが部屋にさわやかさをもたらし、壁のテキスタイルやガラスのキャンドルホルダーともマッチしている。

④

集めた自慢の品は
オープン棚で見せる収納

壁に小さなシェルフを付けて、お気に入りの雑貨を並べるのもよく見るアイデア。缶やプラスティック食器など同時代の製品をを飾ることで、うまくまとめている。

⑤

意識するのは
カラーファミリー

赤やオレンジ、黄色など60年代を象徴するビタミンカラーが好きなマリア。4つの椅子はあえて違う色にしつつも同系色（カラーファミリー）でまとめている。

⑥

ベースが白だから
色で自由に遊べる

壁や窓枠はストイックに白で統一することで光を反射して部屋を明るくし、カーテンやファブリックパネルの色づかいや、存在感をより際立てている。

⑦

とっておきのデザインは
カーテンで楽しむ

大きな柄のテキスタイルをカーテンにして贅沢に楽しむ。窓のサイズ分だけを覆うのではなく、窓枠の下までたっぷりとたらすことで、デザインを思いきり楽しめる。

⑧

お気に入りのテキスタイルは
パネルにしてアートのように

テキスタイルをパネルにして目立つ場所に設置。布がアートになるよい見本。ソファのクッションも同柄に。横のランプシェードも好みの布で仕立てている。

⑨

椅子や家具にも
テキスタイルをプラス

椅子の座面や家具の扉などにテキスタイルを合わせるワザは近年、北欧で人気のよう。シンプルなデザインのスツールも、布の力で存在感がぐっと増している。

ファブリックパネルやクッション、ラグの色味を合わせ、ソファは白を選んで引き立て役に。

①

カラフルな道具が映える白いキッチン

キッチンもやはりベースは白。ポップなカラーのタイルやウッドのワークトップ、棚の色が映え、カラフルなキッチンアイテムが目立つ空間に。

②

見せる、楽しい収納はキッチンにも

ガスコンロの換気扇の上にある奥行きの浅い棚は北欧でよく見る造作。かわいいスパイスポットやペッパーミルなどこまごまとした容器を置くことができる。

③

随所にあたたかみのある木製アイテムを散らす

壁にはミッドセンチュリースタイルの木製飾り棚を。木製フィギュアも飾ってキッチンに楽しさをもたらしている。

明るい色のアイテムが並ぶなか、ワークトップや床、飾り棚やコンロ上に使われた木の存在感がほどよく効いている。

Kitchen

④

食材用キャニスターは同シリーズで統一

パスタや雑穀、シード類はデンマーク製のプラスチックキャニスターに収納。ここでも赤、オレンジ、黄色と色のトーンを合わせてすっきりとまとめている。

水切りラックの横にあるのはパンを保存する容器。壁にかけた水切りボウルやキッチンクロスに至るまで色が調和している。

扉を開けるとカラフルなテキスタイルがぎっしり！　壁にかけた布やカーテンは2か月に一度は替えて布との生活を楽しむ。

Bedroom

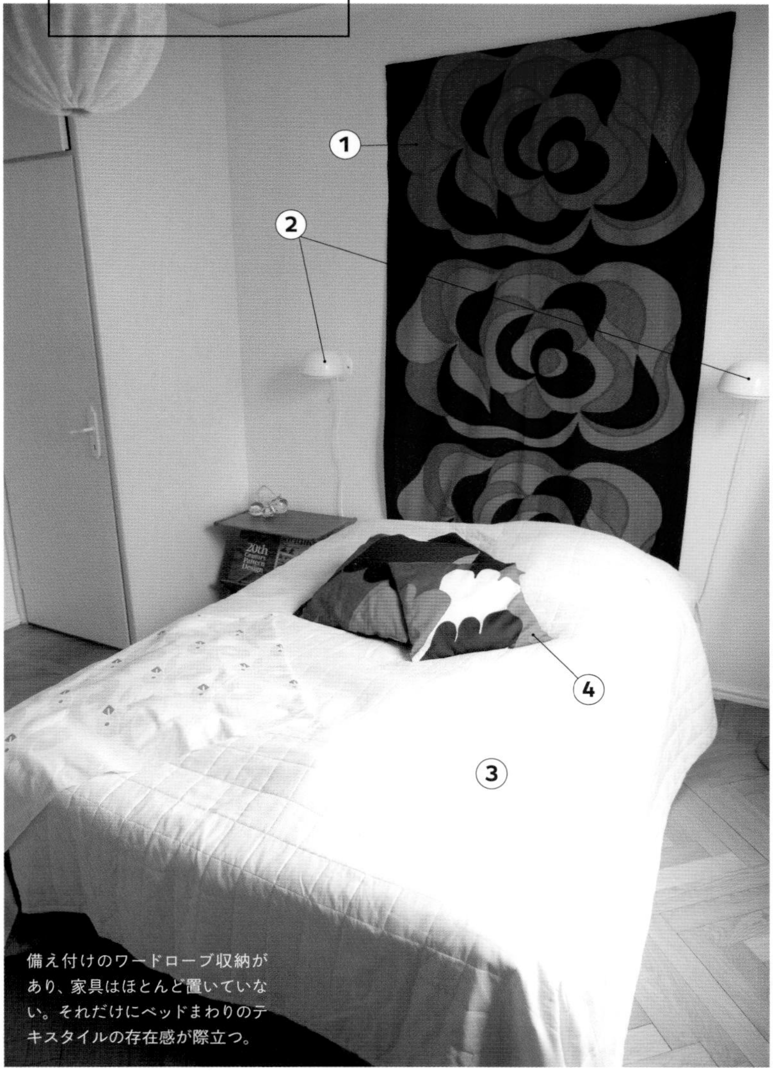

備え付けのワードローブ収納があり、家具はほとんど置いていない。それだけにベッドまわりのテキスタイルの存在感が際立つ。

①

ヘッドボードの代わりに テキスタイルを使う

ヘッドボードのように飾っているのは〈マリメッコ〉のビンテージテキスタイル。壁の左右に留めた長めのネジにひっかかるよう棒を渡して、布を吊るしている。

②

ベッド脇には 壁面照明で快適に

ベッドの両側には壁面照明を取り付けて、寝る前の時間を快適に。照明は白のミニマルなデザインを選び、バランスよく左右対称に配置している。

③

テキスタイルを活かすため ベッドカバーは白

ベッドカバーは潔く真っ白にすることで壁のテキスタイルやクッションの色と柄が映えている。テキスタイルで大胆に遊ぶために、壁色や照明もストイックに白で統一。

④

シンプルなベッドに クッションで彩りを

ベッド上のクッションは、壁のテキスタイルと色を合わせる。同じブランドやデザイナーの製品でなくても、色のトーンを合わせるだけでまとまり感がよくなる。

北欧の家で見つけた
インテリアのベーシック

3.

SOFIE's House

ソフィーの家

初めてキルステンの家を訪れた日、一緒に出迎えてくれたのが娘のソフィー。その時にクリスマスのランチをともに楽しんで以来、ソフィーとも家族ぐるみで親しく付き合うようになりました。

夫のグンナル、長女のヴィッガ、次女のカーンとの4人家族で、コペンハーゲン空港からほど近いアマー地域に暮らしています。ソフィーは子どもに手芸を教える先生をしていて、部屋のなかには手づくりのキルトやデコレーションがあちこちに。

2人の娘も絵を描いたり、身のまわりのもので工作を楽しみ、できあがった作品もインテリアの一部になっています。ソフィーも娘たちも色を組み合わせるセンスが抜群で、彼女たちの手づくりアートを見るのもおうちを訪ねる楽しみのひとつ。家具や食器はモダンでシンプルなデザインが多く、キルステンの家とはまた違った魅力があります。

「4人家族には手狭だけれど」とソフィーは言いますが、玄関脇とキッチン奥の2か所に小さなバルコニーがあり、庭の温室にもソファを置いたりと、くつろげるスペースがいくつもあります。温室に並んだ妹のカーンのおままごと道具は、さすがデンマークと言いたくなるデザイン。ティーンエイジャーになったヴィッガの部屋は訪れるたび、ぐっと大人びた雰囲気になり、インテリアを通して2人の成長を見るのも楽しみなのです。

1

2

1.「ピンクと黒が好き」と話すヴィッガの部屋。壁の絵やリネン選びは大人顔負けのセンス。 **2.** 温室でおままごとに夢中のカーン。絵を描くのも大好き。

Living Room

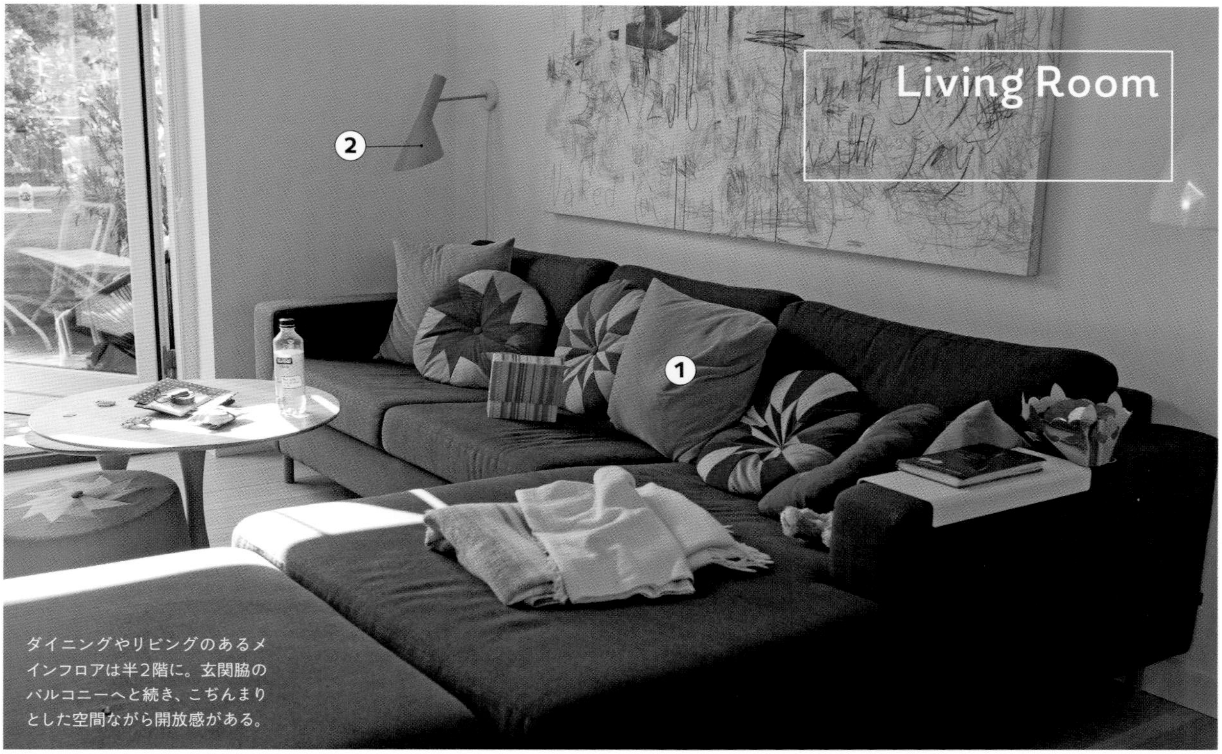

ダイニングやリビングのあるメインフロアは半2階に。玄関脇のバルコニーへと続き、こぢんまりとした空間ながら開放感がある。

①

大きなソファに クッションを並べて

家族全員でくつろげる大きなソファに並ぶのは、きれいな色のクッションたち。丸いクッションはソフィーのお手製で、色合わせもデザインもさすがの仕上がり。

②

北欧の名作照明で 壁面から照らす

ソファの横に取り付けた照明は、デンマークが誇る建築家アルネ・ヤコブセンによる不朽の名作。モダンで美しいデザインが読書に最適な明るさをもたらす。

③

天井には照明でなく デコレーションを

天井からぶら下がっているのは照明ではなくペーパークラフト。部屋のあちこちに置いたスタンドライトやペンダント照明で明るくするのが北欧式。

Dining Room

窓から庭や隣家の緑をのぞむダイニング。窓に飾っている蝶のモビールは、カーンの手づくり。色合わせが上手。

④

子どものアートで部屋の表情を楽しく

壁の収納棚や窓辺には、デザイン雑貨や日用品とともに、子どもたちが描いた絵や工作作品もセンスよく飾られている。他にはないアートがこの家ならではの個性に。

②

ダイニングの中心は低めのペンダント照明

食卓の上にはペンダント照明。プラスチックペーパーを折った〈レ・クリント〉のランプシェードは目にやさしい穏やかな灯りをもたらす。吊るす位置はやはり低め。

①

照明は分散させて快適な明るさをつくる

キッチンに続く作業台や、窓辺にはテーブルランプを配置。ランプシェードのフォルムが美しく、灯りがついていなくても目を引く。灯りを分散させて、心地よい明るさに。

⑤

オープンシェルフは主張しないシンプルな白

壁面の収納棚は白。主張しないデザインだからこそ、あれこれ収納したり、飾りやすい。部分的に引き出しにしたり、しまうもののサイズを揃えてすっきり見せている。

③

来客用の椅子はビンテージであつらえる

家族用の白い椅子にプラスして使う来客用の椅子は、スタッキングできるビンテージチェア。組み合わせて使いやすく、部屋の隅に置いておいてもうるさくないグッドデザイン。

白と木でまとめたミニマルなオープンキッチン。スタイリッシュな換気扇も白を選択し、ステンレスの食器棚がアクセントに。

⑧

キッチンにもペンダント。暗くなりがちな部分を明るく

キッチンの奥にはウッドのシェードが素敵なペンダント照明を配置。木製のワークトップとの相性もよく、暗くなりやすいコーナーを効率よく照らしている。

⑨

ミニマルな空間こそ木のあたたかみをプラス

白ですっきりとまとめたシンプルなキッチンに、ぬくもりを与えているのがウッドのワークトップ。明るい色味の床板ともなじんで、心地よい空間をつくり出している。

⑥

取っ手も白に統一したクリーンなキッチン

キッチンの収納棚は取っ手も白にしてモダンな印象に。ごみ箱は収納棚の内側に設置してすっきり見せている。手前の作業台や食料庫の棚も白で統一。

⑦

壁付けの食器棚はオープンで見せる収納に

シンクの上にはインド製の食器棚。下の段は水切りラックになっていて、よく使う食器は乾かしながら収納。上段にはお気に入りのデザイン食器や調味料が並ぶ。

Basic Point.1
住まいのベースは白

Basic Point.2
灯りはいくつも重ねる

Basic Point.3
素材とモチーフは自然から

Basic Point.4
色と積極的に付き合う

Basic Point.5
自分らしさを大切にする

北欧を旅して学んだ 北欧インテリアの５つのベーシック

北欧インテリアとひと口に言っても、さまざまなスタイルがあります。ご紹介してきたキルステンの家、マリアの家、ソフィーの家と3軒を見るだけでも異なるテイストがうかがえますし、クラシックなスタイルもあればモダンな空間もあります。でも好みや時代性を超えて「やっぱり共通しているな」と思うポイントは確かにあります。それは住まいを居心地よく、センスよく、自分好みにつくり上げていく上で土台となるベーシックな部分です。

いまでこそ質の高い住まいが注目される北欧ですが、１９３０年代頃までの住環境は問題が多く、私たちが思い浮かべる北欧インテリアの土台ができたのは１９４０年代から70年代にかけてのこと。住宅建築をはじめ家具や照明、テキスタイル、食器などの生活デザインが花開いた時代です。この時期、誰もがより美しく豊かな暮らしを叶えられるようコーディネートの教本や講座がつくられたり、啓蒙活動も盛んだったようです。

私が北欧で見てきたインテリアは、こうした流れの上にできたもの。そのベーシックを捉えれば、日本でも心地よい住まいが実現できると思うのです。この章の締めくくりに、北欧インテリアのベーシックとして５つのポイントをあげ、改めて見ていきたいと思います。５つのベーシックには北の土地ならではの気候や国民性も関係しています。それは部分的に日本の暮らしや考え方にも通じていて、だからこそ北欧のインテリアは日本にフィットするのかなと思うのです。

Basic Point 1

住まいのベースは白

この章で見てきた3軒の家をはじめ、街を歩いても本を見ても印象に残るのは、壁や天井など住まいのベースとなる部分が白であること。床に白木を使ったり、家具や照明も白を選んでミニマルな空間に仕上げている家もよく見かけます。北欧家庭にかかせないイケアの家具を見ても白の選択肢がとても豊富です。

ここにはじつは切実な理由があります。緯度の高い北欧の国々では冬は日照時間が一気に短くなるため、貴重な太陽の光で効率よく部屋を明るくする知恵でもあるのです。壁や床、大きな家具など白の面積が大きければ、光が反射して部屋の中がぐっと明るくなります。窓枠も、とくに窓台が白いと明るさの印象が変わります。「暗い色の壁は健康によくない」ともいわれ、実際に冬の北欧を旅すると、光を活かす白い壁や窓のありがたみを感じます。

フィンランドをはじめ北欧では白樺が多くとれることもあり、白木の家具が普及しています。これも白ベースの部屋づくりを後押ししている要素といえるでしょう。またDIYの店でペンキや壁紙を見ていると、あたたかみのある白、青みがかった白など、白にもさまざまな表情があることに気づきます。

一方で北欧には鮮やかなプリントテキスタイルや食器など、色を大胆に使った暮らしのアイテムがたくさんあります。こうしたアイテムをうまく取り入れ、楽しむうえでも住まいのベースを白く、シンプルに整えておくことが鍵となっているよう。キルステンやマリアの部屋を見ても、部屋のベースとなる部分はストイックに白で統一しています。部屋を明るくし、色やデザインを引き立てる白は、北欧インテリアにかかせないベーシックなのです。

建具や窓枠は白が定番

左／差し込む光を反射して、明るさをふくらませてくれる白い窓枠は北欧の住まいにかかせない要素。　下／壁や天井はもちろん、照明や椅子も白を選んでいるソフィーの家。白メインでも奥行きのあるコーディネートができる良い例。

Basic
Point
2

灯りはいくつも重ねる

「この部屋には一体いくつ灯りがあるの?」 これは、北欧の住まいを訪れるたびに思うこと。日本のようにひとつの灯りで部屋全体を明るくすることはあまりないようです。北欧の映画を見ていても、インテリアに凝るタイプとは思えない登場人物がいくつも灯りを使いこなしていて、つくづく北欧は灯りの国だと感じます。

食卓にはペンダントライトがお約束で、吊るす位置はかなり低めです。そんなに低くしたら暗いのでは? と最初は思いましたが、明るすぎない光に慣れるとそれが心地よいのです。暗くなりがちな部分には間接照明などで灯りを重ねて、読書や作業をするコーナーには専用の照明を置いてしっかりと照らします。北欧では美しいデザインの照明がたくさん生まれてきましたが、灯りにも適材適所があり、作業用か居心地のよさを生み出したいのか目的に合わせて使い分けるのが鍵のようです。

また外光の変化に合わせて、面倒がらずに部屋の明るさを調整するのは北欧の人々にとっては自然なことのよう。外が薄暗くなってくると少しずつ室内の灯りをつけていきます。初めてキルステンの家に泊まった時には、これを日々やっているのかと驚きました。暗い季節は朝いちばんに食卓のキャンドルを灯していて、朝からキャンドル!とまた驚きましたが、炎がもたらすあたたかな明るさは照明器具にはないもの。とくに冬場はそのよさを実感します。日本でも昔は行灯や提灯など淡く穏やかな灯りと暮らしていました。だからこそ北欧の灯りに親しみを感じるのかもしれません。

低めに
吊るして
ほどよく
照らす

上/ペンダントライトは低めに吊るす。ひとつの照明で明るくしすぎず、小さな灯りを重ねてちょうどよい明るさをつくる。 右/部屋のあちこちに照明やキャンドルがあり、外の光に合わせて室内の明るさを調整していく。

Basic
Point
3

素材とモチーフは自然から

北欧といえば森の国。伝統的に木造家屋が多く、いまも変わらず愛されています。家具もやはり木製が主流で、北欧原産の白樺やパイン材を使った家具をはじめ、古くから輸入されていたチーク材の家具も人気があります。街のショップや蚤の市を見ても、木製のかごやスプーン、トレイ、カップなど本当にたくさん木の道具が揃っていて、北欧の暮らしは森や木と切り離せないのだなと感じます。

週末や夏休みになると森で過ごす人は多く、都会っ子のように見える友人たちもみな「定期的に自然のなかで呼吸しないと息がつまってしまう！」と言います。だから住まいづくりにおいても、庭とつながるような間取りにしたり、部屋のなかに花や植物をかかさないのでしょう。木目を活かした床や天井も多く、20世紀に入り盛り上がっていった住まい改革の運動では「センスに自信のない人は、自然素材を選ぶべし」と説かれています。また木材以外にも、スウェーデンなどは質のよい麻がとれることから優れたリネン製品を生み出してきました。

森でとれるベリーやきのこはデザインのモチーフとしても人気があります。氷河や雪景色など北国らしい景色を思わせる製品は多く、その一方で春の訪れや輝く夏への憧れを凝縮させたような作品もあります。自然のなかにある美を見つけて暮らしを豊かにしていく姿勢は、日本とも通じるところがあります。

上／植物や自然の姿を生き生きと描いた作品は、寒い季節も部屋に明るさをもたらす。
左／白い壁とともに北欧の住まいのベースとなっているのが木の床で、無垢材を使った床が多い。木製家具や植物もインテリアの定番。

Basic Point

4

色と積極的に付き合う

心躍る色づかいは北欧のテキスタイルや雑貨の大きな魅力です。〈マリメッコ〉のテキスタイルに代表されるようなビビッドな色づかいもあれば、ペールトーンの穏やかな色づかいにも北欧らしさを感じます。

ひとつひとつのアイテムの色づかいも魅力的ながら、それを組み合わせていくセンスにも脱帽です。例えばキルステンのキッチンにはたくさんの色があります。インテリア指南書ではよく「部屋のテーマカラーを決めて」とありますが、とくにどの色と決めるのではなく、さまざまな色を絶妙に組み合わせるのがキルステン流なのです。

マリアの部屋は強い色が多いのに、やはりまとめ方が巧みで驚きます。どうやらヒントは時代でまとめていくことのよう。彼女は60年代の元気の出る色が好きといつも話していて、この時代ならではの色のトーンを軸にテキスタイルや食器を組み合わせて楽しんでいます。

モダンなデザインを好むソフィーは前述の2人に比べると控えめな色づかいですが、やはり組み合わせが上手。彼女は子どもに手芸を教えていて一度教室に遊びにいった時には、部屋にずらりと並んだハギレやミシン糸のカラフルさに目を奪われました。ソフィーがお手本にとつくった作品も色の組み合わせがユニークで、子どもの頃からこうして色を合わせる楽しさに親しんでいるから自由自在にインテリアで色を取り入れられるのだなと納得がいきました。

自分の好きな色や気持ちの落ち着く色を取り入れる。色を軸に部屋をまとめる。好みの色は違えど、それは北欧の素敵な部屋に共通している部分なのです。

上／60年代のテキスタイルを使ったクッションやファブリックパネルで強めの色をセンスよく取り入れているマリアのリビング。　左／カラフルな調理器具や食器があちこちに置かれたキルステンのキッチン。ものも色も多いのに、ごちゃごちゃして見えないのがさすが。

Basic
Point
5

自分らしさを大切にする

北欧では小さな頃から自分の部屋をもつことが多いそう。ソフィーの家の子ども部屋ではリネンを選ぶのも窓辺を飾るのも、決めるのは基本的に親ではなく子どもたち。自分がどんな色やデザインを好きか、幼い頃から向き合って、選ぶことを繰り返しているようです。

住宅街を歩いていると、窓辺が素敵に飾られていることにワクワクします。かわいいフィギュアや植物、照明など、その部屋に暮らす人の好きなものを見せてもらっているような気がして、博物館に行くより面白いのでは？　なんて思うことも。家には気軽に人を招いて、部屋のなかをすみずみまで案内するのもお約束。こうした習慣があることで、部屋に手間をかけ、自分らしい部屋をつくるモチベーションが上がっているのかもしれません。

家族から受け継いだ家具や、蚤の市で見つけた生活道具を上手に取り入れて部屋づくりをする人も多いです。蚤の市やリサイクルショップが根付いているのでお金をかけなくても部屋づくりができますし、自分が使わなくなったら誰かに譲ることもできるのでトライ＆エラーをしながらインテリアを楽しむことができるのでしょう。

家具にペンキを塗ってリメイクしたりと、アイデアを使って自分流にものと付き合うのも上手です。その根っこにあるのは自分が何を好きか知ること、そして試して実践していく行動力。それができれば自分らしい部屋づくりがぐっと身近になる気がします。

上／旅のおみやげや孫たちが描いた絵を飾って楽しむ。並べ方が上手で、ちょっとしたアートに見える。　右／別々のブランドの器を組み合わせているが、つくられた時代が近いせいか、まったく違和感がない。エッグスタンドに砂糖を入れているアイデアも面白い。

essay 01

心地よい部屋に必要なものって？

デンマーク語で心地よいひとときや空間を表現する「ヒュッゲ」という言葉があります。日本でも大きく注目され、関連書籍や特集が登場しましたが、私の心に刺さったのはデンマークの照明会社〈レ・クリント〉の社長が話していた「ヒュッゲに必要なのはパーソナリティですよ」との言葉でした。素敵な照明をあしらっても、「そこに自分の好みであったり思いであったり、自分らしさがないと、ヒュッゲな空間にはならない」と。そして北欧を旅するようになって思うのは、北欧の人々は自分の好きなデザインや色、どう暮らしたいかをよくわかっているということ。自分が何を好きかなんて、誰に教えてもらわずともわかるものと思いがちですが、案外と自分の好みや自分にとっての心地よさって、理解できていないと思うのです。例えば色ひとつとっても、自分がどんな色を好きか、どんな色に心落ち着くか、すぐ答えられますか？ 漠然と「素敵」とか「これは苦手」と思う感覚はあっても、いざ「もし叶えられるとしたら、どうしたい？」となると、私も長いこと自分でもよくわからなかったのです。

北欧の友人宅を訪れた時に「ああ私は、こういう風に暮らしたかったんだ」と、それまではっきりとしなかった自分の部屋づくりの理想が見えた気がしました。穏やかな色づかいやすっきりとした空間に心惹かれたのはもちろんのこと、お金をかけなくても、ちゃんと選んで手間をかければ好みの部屋ってつくれるんだな、と希望のようにも思えました。また繰り返し旅するうちに、インテリアに大して興味のなさそうな人でもそれなりに整った部屋に暮らしているのが見えてきて、部屋のベースとなる部分が良いのかなと考えるようになりました。

初めての北欧旅行で、北欧デザインの巨匠アルヴァ・アアルトの自邸を見た時の感覚は、いまだによく覚えています。世界的な建築家というのに豪華さとは無縁な、でも住みやすそうな空間。ドアノブ、キッチンの棚の造り、空間を仕切るテキスタイルといった細部にまでアアルトの「こうしたい」という思いが感じられて、一方でデザイン界を率いるトップの人が目指す暮らしがこんなにシンプルで簡素なんだな、と嬉しい驚きもありました。後に見学した家具デザイナー、フィン・ユールの自邸や、書籍で読んだアルネ・ヤコブセン邸のあり方からも「北欧のデザイナーは、暮らしと誠実に向き合ってるのだな」と感じました。「食器が取り出しやすそう」とか「ここで読書するんだろうな」とか「この窓のそばで朝ごはんを食べたら気持ちよさそうだな」と暮らしている様子が浮かび、アアルトって料理好きだったのかな？ なんて想像が膨らんでしまうのです。

実際に自分の家に北欧の照明や家具、テキスタイルを取り入れるようになって思ったのは、わが家のような古い和風の家にもなじみやすいこと。日本のデザインのように見えるものもあり、日本の文化や暮らしへの敬意があるように

感じられました。実際、調べていくと建築や器、布のデザインでも日本の影響を受けているものが少なからずあることがわかり、まるで恋した相手と両思いだったかのように思えて嬉しくなりました。

　部屋づくりに夢中になりだした当初は、アアルト邸やデンマークの友人宅をそっくりそのまま真似したい！　どうして、ああならないの？　と思っていました。ヨーロッパならではの建具や木の質感に憧れて、それを実現できないことにモヤモヤしました。でもいまは、この日本らしい造りの家に北欧のデザインを取り入れたわが家が、他にはない面白い存在に思えてきました。家って、さまざまな条件のもと、思い通りにならない部分も多々あります。でもそれも含めて楽しみながら、より自分好みにしていこうと、そんな風に考えられるようになったのも北欧の友人たちとの交流のおかげかもしれません。

　スウェーデン人に親しまれている「ラーゴム」という言葉があります。これは「ほどほど」「ちょうどいい」といった意味で、例えば多すぎず少なすぎない食事の分量をさすこともあれば、天気の話でも出てくるし、インテリアの状態も表すのだそうです。確かにスウェーデンをはじめ北欧の人たちって、ベストな選択やナンバーワンを目指すというよりは、自分にとって何がちょうどいいのか？　を見極めて、その感覚を大事にしている気がします。私にはラーゴムの考え方がしっくりときて、部屋づくりに対しても「自分たちがよければ、これもあり」と思うことが増えました。

　北欧の友人たちと交流して面白いなと思ったのが、みんな家のなかを見せるのが好きで、見るのも好きということ。日本に暮らすスウェーデンの友人が家に遊びに来た時に「お茶を入れてくるね」とキッチンに引っ込んでカップを用意していたら、横に立っているんです。最初は焦りましたが、妙に楽しそうに棚をのぞいたりしているのを見て、彼らにとってこれはきっと自然で重要なコミュニケーションの手段なのでは、と感じました。北欧の人々ってどこか日本人と通じる部分があり、口数が少なかったりシャイな人が多いです。キッチンをのぞいた彼女も饒舌なタイプではないけれど、家のなかを見ながら「あれ素敵ね」「これ面白いね」とコメントするので、それをきっかけにあれこれと話が続いていき、そのうちになんだか彼女との距離感が縮まったような感覚がありました。北欧では部屋は自分らしさを表すものとよく聞きます。だからきっと言葉を交わすよりも、部屋を見せ合う方が彼らにとっては気楽なコミュニケーションなのかもしれないな、と。以前はキッチンや寝室は見られたくなかったわが家ですが、だいぶ鍛えられていまでは来客があると家中を見せたくなりました。

　デンマークの友人がわが家に遊びに来た時も、部屋の家具や照明や飾っているものを興味深そうにすみずみまで見ていました。「いい部屋だね！　何より、あなたらしいのがいいね」と褒めてくれた言葉はとても嬉しくて、ずっと胸に残っています。

2.

日本で
北欧インテリアの
ベーシックを取り入れる

築87年の日本の家で取り入れている
北欧インテリアのベーシック。
5つのポイントに分けて、わが家の住まいづくりをご紹介します。

わが家の

白いベースのつくり方

1

2

1.リビング横の天窓のある空間。天井や天窓枠は既に白いペンキで塗られていて、リビングから続く見切りや柱との塗り分けに悩んだ。　2.リビングの柱や長押はそのまま茶に残し、壁と天井は白に。砂壁調の〈ジョリパッド〉を選び、自分たちで仕上げた。

Basic Point 1

リノベーションの際に、リビングの壁や天井の色は白にしようと決めていました。迷ったのは柱や長押《なげし》など日本家屋らしい部分をどうするか。窓枠も白くするか最後まで迷いましたが、古い家の面影を残そうとすべて茶色で残すことにしました。一面にカラフルな壁紙を貼ることも考えましたが、カーテンをはじめ色のあるものを置くと考えてやはり全面、白に。壁の仕上げは柱との相性や、ダイニングに残る白い土壁とのつながりを考えて砂壁調の白の塗材を選びました。

　アトリエは欄間《らんま》の残る壁以外は柱を隠してすっきりと白壁に。リビングの塗材よりも明るい白の漆喰で仕上げています。キッチンは青い葉柄の壁紙を際立たせるためにそれ以外の壁紙、タイル、引き出しの取っ手など小さな部分まで白にしています。

　リノベーションを繰り返すうち鉄則となったのは「迷ったら白」。でも白が案外と難しいことも4度のリノベで実感しました。とくに困ったのは壁紙で、ペンキで塗ったようなつるんとした真っ白の質感には4度目のリノベでやっと巡り合えました。収納家具はほぼ白で、照明も白が多め。浴室の白タイル部分は、迷いつつ目地も白くしました。

　アトリエに置いている木製の作業机は地の色が好みでなかったこともあり、他の家具となじむよう白にペイント。窓の近くに置いているせいか、光を反射して部屋が明るくなる効果もありました。この効果を見て、リビングの窓枠もいつか思いきって白くしてみるのもいいかも、なんて思いました。

壁面収納は白で統一し主張させないように

寝室、アトリエ、玄関と壁付けの大型収納はイケアの白家具に。アトリエや寝室の収納は取っ手の存在感もなくしてミニマルに。

家具はペンキで白くペイント

アトリエの作業机は地の色が沈んだ色味だったので白にペイント。面積が大きいので、部屋全体が明るく見えるようになった。

キッチンは、青い柄の壁紙やカラフルなキッチンアイテムが
映えるように換気扇もタイルも、引き出しの取っ手も白を選択。

わが家の灯りの選び方

北欧を旅するうちに、その大切さをもっとも強く体感したのが灯りの使い方です。ペンダント照明を吊るす高さから、どんなタイプの照明をどこに置くか、シェードの素材によって灯りの質がどう変わるかなど行くたびに発見があり、居心地のよい部屋をつくるには「まずは家具よりも灯りの見直しを！」と心から思うようになりました。

Basic Point 2

寝室のドレッサー上にある照明にはスマートスイッチを導入。暗くなると自然に灯り、音声でもスイッチのオンオフができる。

わが家の照明は多くが北欧製です。優れた照明器具メーカーが多く、蚤の市ではユニークな照明が安価で見つかるので、どこでどう使うかのイメージもないままに買ってしまった照明もあります。まだ北欧に行く前ですが、結婚する時にこれだけはと手に入れたのが〈ルイス・ポールセン〉のガラスのペンダント照明で、新婚当時住んでいた40㎡の1LDKでも、この家に移ってからも変わらず暮らしの中心となっています。リビングのソファ前に吊るしているデンマーク製のビンテージ照明もわが家の軸となっている灯り。どちらも見惚れる形で、インテリアのアクセントになっています。

仕事部屋やキッチンなど作業する部屋には2灯を並べて使っています。読書をするソファの横にはスタンドライト、書棚や食器の収納棚にはスポットライトを当てて棚のなかを見やすくしています。思えば灯りを配置していく上で、部屋のどこでどう過ごしたいかをより具体的に考えるようになりました。

ペンダント照明を吊るす高さは、フックなどで調整しています。シェードの形や使う場所によってちょうどいい高さが変わるので、コードはカットせずに使っています。

古い造作を残すダイニングには、母からもらったイギリス製のランプシェードを使用。和風にも見えるデザインがしっくりなじむ。

リビングの中心には〈ルイス・ポールセン〉のペンダント。コーナーや棚にデザイン照明、天井からはスポットを組み合わせている。

2

1

部屋の四隅を照らし、デザインも楽しむ照明たち

1. 和箪笥の上にはカボチャのような形のアンティークシェード。　**2.** デンマークの蚤の市で見つけた照明はベース部分が陶製。同時代と思われる陶製の花器やオブジェと一緒に並べている。　**3.** ライティングデスクの上には、書斎に合いそうなシンプルなデスクライトを設置。

照明の位置が調整しやすいライティングレールを多用。さらに天井に付けたフックに引っ掛けて場所を調整することも。

3

2

1

1. 窓辺にはフィンランドのハッリ・コスキネンがデザインした〈ブロックランプ〉。時折、猫の枕にされている。　**2.** ソファ横にはアルネ・ヤコブセンデザインのスタンドライト。ペンダント照明はデンマークの〈フォグ＆モルゥプ〉社製で、復刻版も発売されている。

4

3

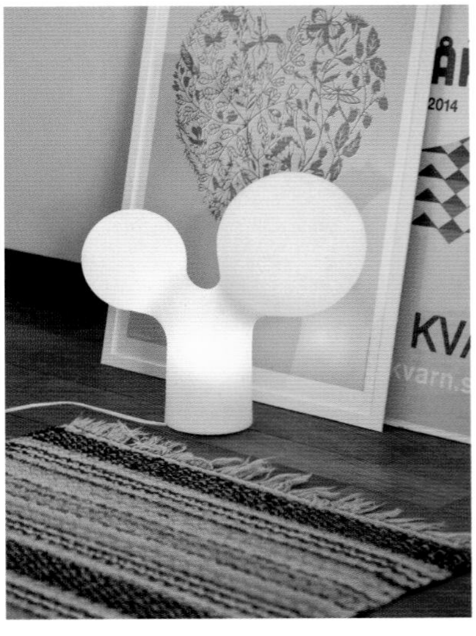

5

デザインに惚れ込んで買った照明もいつしか定位置が決定。　**3.** 通称、ロケットランプは廊下を照らす。　**4.** 〈スヴェンスク・テン〉のテキスタイルを使ったランプはフィギュアと一緒に棚の中段に。　**5.** フィンランドのエーロ・アールニオによる、遊び心のある照明はアトリエで床置きがしっくりきた。

< Tips 1 >

電球はすべてLED

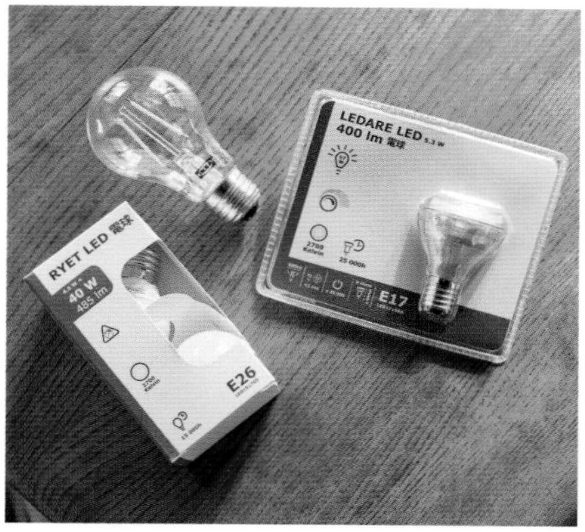

いまでは家の電球はすべてLEDに。価格が抑えめで、灯りの色味や明るさが選べるイケアで買いだめしておくことが多い。基本的に、スポット照明や読書灯は明るめ、部屋の隅を照らしたり、雰囲気を変えるための照明にはまぶしくない電球を選んでいる。

< Tips 2 >

自動で灯るスイッチを導入

北欧の人々のように日々、ひとつずつつけたり消したりはやはり面倒くさいからと導入したのがスマートスイッチ。インターネットにつなげて、日の出や日没時刻に合わせて自動的に照明をオンオフするように設定。暗くなって自然にぽっと灯りがつくのは思った以上に快適！　一部はタイマーで切り替えている。

キャンドルはいくつかまとめて灯す

〈イッタラ〉のキャンドルホルダーを愛用。同系色で数個ずつ買うようにして、並べて灯すのが気に入っている。

作業の場では北欧式に2灯を並べる

キッチンにはイケアで見つけた照明を2灯。ライティングレールから電源を取って、均等になるよう吊るしている。

アトリエでも2灯づかいで、パソコン机と作業机の上に設置。〈ルイス・ポールセン〉で並べて使うのに向いている形を選んだ。

窓枠や柱など木の存在を強く感じさせる
日本の家には木製家具がしっくりくる。ビ
ンテージの木製家具を部屋づくりの中心に。

わが家の

自然の取り入れ方

わが家の床や、インテリアのアクセントとなる家具はほとんどが木製です。リビングは当初、床暖房を入れるなら床は合板かと思い込んでいましたが、無垢材でも大丈夫なものもあるとのアドバイスに従ってチーク材に。同じチーク材のビンテージ家具と相性がよく、生まれ変わったこの家の表情を決める重要な要素となりました。

アトリエの天井は予算減のため節目の多い材、寝室の床には憧れの白木と、予算と相談しながら木材を決めてきました。目立つ場所の窓枠も木製で、アルミサッシに比べると気密性は落ちますが家が呼吸しているようで、この家に合っている気がします。

木の質感があると、思った以上に暮らしにみずみずしさをもたらしてくれると実感し、リビングの味気ない収納棚や作業机にも木の天板を採用。手入れに使っている〈ワトコオイル〉は色のバリエーションがあり、家具や床に合わせて木の色の濃淡を調整できるのも気に入っています。

北欧へ行くようになって、植物はインテリアの必須アイテムだなと感じるようになり、部屋に花を飾る回数が増えました。北欧には使いたくなる花器が多いのですよね。またベリー柄のカーテンは夏に、きのこ柄は秋にかけて使うなど北欧の四季を意識して使いわけるのも楽しんでいます。

Basic Point

3

1

2

1. 木のかごやトレイなどは旅するうちに増えてきたもの。形と素材のよいものは目につく場所に置いておく。　**2.** キッチンのワークトップも木製に。汚れが目立ちにくそうなオーク材の突き板を選び、定期的にオイルを塗ってメンテナンスしている。

木の種類で
表情が変わる
無垢材の床

リビングやアトリエの床にはチーク材、寝室ではクルミの無垢材を使用。ビンテージの家具や壁紙の色に合わせて木を選び、それぞれの表情を楽しんでいる。床暖房で多少、すき間もあるが、それも味わいのうち。

2

1

3

北の国の自然を描く
生活道具たち

1, 2. 北欧の自然を描いたカーテンやクッションは麻素材で肌触りもよい。　**3.** 北極圏の氷が溶ける様子に着想を得たグラスはフィンランドの〈イッタラ〉製。

500円ほどの小さなブーケを買って、花は気軽にいけている。花に合わせて花器や布を選ぶのが楽しい。

光や空気が流れ
四季を感じる空間に

遮光カーテンはほぼ使わず、光や、外の緑も楽しむ。木製の窓枠は季節を感じやすく、見た目も好み。

わが家の 色との付き合い方

1

北欧らしい色を取り入れたインテリアを楽しむならテキスタイルから。それがわが家のたどり着いた答えです。カーテンにしたり壁紙のように天井から吊るしたりと大きく使って、そこを中心にクッションカバーやクロス、雑貨など、まわりに置く色を合わせていきます。テキスタイルなら取り替えも気軽にできますし、他の場所で使うなど応用もきくので色を合わせる練習におすすめ。古い日本の家は、ともすると暗くなりがちなので大胆に色を取り入れるのもいいなと、わが家では積極的に色を組み合わせています。

北欧のテキスタイルや食器はそもそもの色づかいが美しいので、使ううちに色に対する感性が磨かれていく気がします。花器や食器、テーブルクロス、ポスターなど、使う場所を選べるものは色でグループ分けをして配置するとまとまりがよくなります。アトリエの壁にはポストカードを貼って（P.53参照）、どんな色の組み合わせが自分は好きで部屋に取り入れたいか、眺めてはイメージを高めています。

色にトライするうちに気づいたのはトーンを合わせるのが大事ということ。例えばリビングはチークの家具や柱の色に合うようなやや落ち着いた色味を、一方で明るめの白壁や白家具のあるアトリエではビビッドな色を楽しんでいます。ざっくり分けると、リビングにはスウェーデンやデンマークなどスカンジナビアの色、アトリエには〈マリメッコ〉などフィンランドのテキスタイルを使うことが多いです。フィンランドは北欧のなかでもとくにビビッドな色づかいが得意な印象です。

2

Basic Point

5

1 . 北欧で春を告げるネコヤナギが描かれた、軽やかな麻のテキスタイルには黄色の会津木綿やクッションをプラス。 **2 .** 寒い季節には暖かな色づかいのテキスタイルを選ぶ。クリスマス時期には赤やグリーン系の雑貨やキャンドルを組み合わせるのも楽しい。

憧れのテキスタイルから色合わせを考える

〈マリメッコ〉の布は天井から吊るして書棚の目隠しにしつつ柄を堪能。軸となるピンクはポスターやラグ、クッションで繰り返す。

1

2

花を飾る時も色合わせを意識してみる

1. 淡い色の花が似合う〈ケーラー〉の花器。 **2.** ビンテージのデンマーク製のガラス器には、青系や鮮やかな色の花をよく合わせる。

わが家の

自分たちらしさの表し方

わが家の家具は60年代の木製家具が中心です。じつは北欧製はそれほどなく、ほとんどがイギリス製。以前住んでいた家の近くの家具屋さんでひと目惚れした棚をきっかけに同じテイストの家具を集めるようになったのですが、購入後だいぶ経ってから、その時代のイギリス家具がデンマークデザインに大きく影響を受けていたと知りました。そうとは知らずに北欧らしいデザインに惹かれていたんですね。

母から譲り受けた棚や布製のポスターなどは、結婚して新生活をはじめた頃から部屋に彩りを与えてくれました。母も古いものが好きで、私のビンテージ好きは母譲りなのでしょう。そういえば北欧の友人がうちに来るとよく「おばあちゃんの家に来たみたい」と言います。最初は笑って聞いていたのですが、今ではなるほどそれが私たちらしさなのかしら、と思うようになりました。

いま断捨離や〝シンプル〟な部屋づくりが世界的に注目を集めていますが、私たちは好きなものをよい形で部屋に取り入れていきたいと思っていて、そのアイデアは北欧の友人たちから大いに学んでいます。例えば同じ型を繰り返し置く、まとめて飾るなどセンスよく飾るためのヒントを取り入れつつ、この家らしくものの居場所が決まると嬉しくなります。

リビングのカーテンに合わせているのは会津木綿。メインで使っているテキスタイルの幅では窓枠に足りず、合わせてみたところ(P.58参照)、北欧の色づかいと相性がよいことに気づきました。自分たち流の北欧デザインの楽しみ方が見つかり気に入っています。

1

Basic Point

4

1. 朝いちばんに立つキッチンを楽しく心地よい場所にしたくて絵を飾っている。きのこや食材が描かれたキッチンらしい絵柄に。 **2.** 古物好きの母が見つけてきた棚は結婚時に譲ってもらったもの。お茶類をまとめて入れ、棚の上には思い出のあるパッケージを飾っている。

2

13
GOOD
LIFE
COFFEE
Chorongi
DROP
COFFEE
ROASTERS
Lakritsi
ÖGONBLINK
choklad
dryck
Tillsätt bara varmt
eller kallt vatten
LUST OCH FÄGRING
125 G e

じつは北欧と縁があった ミッドセンチュリーの家具

結婚当時は家具をほとんど買わず、一年ほどして突然に目覚めたのが60年代の木製家具。北欧デザインに通じるイギリスものが多い。

Carls
berg
19 08
coleman hawkins
the trumpet kings

北欧と日本の調和を楽しむ

スウェーデンのデザイナー、ブルーノ・マットソンが〈天童木工〉のためにデザインしたソファは座面が低く和室にも合う雰囲気。

集めた雑貨は
テーマでまとめて飾る

つい集めてしまう猫フィギュアはリビングのコーナーに大集合。まわりに飾った絵も猫ものばかり。スウェーデン製の馬の置物もまとめて並べる。子どもの頃につくった馬の箱も一緒に飾っている。テーマでまとめて飾ると楽しさも増す。

壁に飾りたいのは
レトロなポスターたち

わが家は絵よりもポスター派。リビングでは同じイラストレーターの作品を2点、並べて飾っている（2枚並んだ写真はP.43参照）。

玄関には母が若い頃にコペンハーゲンで手に入れた布製のポスターを。当時の観光ポスターで、子どもの頃から好きだった絵柄。

部屋が楽しくなる小さなアイデア

北欧の家や本のなかから見つけた「これ、いいな」のアイデア。
自分たちらしい工夫をプラスしてうまく実現できると
部屋にいる時間がもっと楽しくなります。

Small
Interior
Ideas
1

窓の一部にカーテンを付ける

味わいのある古い窓枠をカーテンで隠すのは惜しいと思いつつ、外からの視線も気になっていたダイニングの窓。蚤の市で見つけたカーテンのサイズがぴったりで上部の目隠しに。下部にはガラスフィルムを貼りました。キッチンの窓にはビンテージリネン専門店で見つけたレースの飾りを付けたところ、ぴかぴかの新しいキッチンの窓にほどよくこなれ感を与えてくれました。どちらも使うあてもなく買ったもので、居場所が見つかったのも嬉しかったですね。

北欧のインテリア本を見て「いつかやってみたい」と思っていたのが、オープンシェルフや小さな作業スペースなど、ごちゃごちゃしがちな部分をお気に入りの布で扉のように目隠しするアイデア。ずっと憧れていた〈マリメッコ〉の『田園のバラ』と名付けられたテキスタイルを使い、アトリエのリノベーション時についに実現しました。両側にはイケアの壁面収納を置いて壁のようにしています。布は柄がよく見えるようフラットに吊るしたくて、ぴったりの幅に縫いました。

Small
Interior
Ideas
2

テキスタイルは大きく使って目隠しに

リビングの角には、イケアで購入した3つの本棚を組み合わせてコーナーシェルフのように見せています。棚と棚の間にできるすき間を隠しつつ、床やチーク家具と合うよう木の質感をプラスするため上に天板を置くことに。コーナー奥には柱が一部出ているため、天板の角を凹凸にカット。そして床の仕上げにも使った〈ワトコオイル〉を塗って色を合わせました。じつは手間がかかっている部分です。

白い家具を木の天板でなじませる

Small Interior Ideas 3

かわいい絵皿や銅型も壁に飾る

Small
Interior
Ideas
4

蚤の市やアンティーク店でよく見かける絵皿。記念品としてつくられたものもあり、飾るための針金や紐が裏側につけられるようになっています。銅製のお菓子型は北欧で好んで食されるザリガニ型や、ダーラナホースと呼ばれる伝統的な馬の柄が面白くて手に入れたもの。カウンター上の細長い壁にずらりと並べています。

トレイは壁に飾りつつ収納

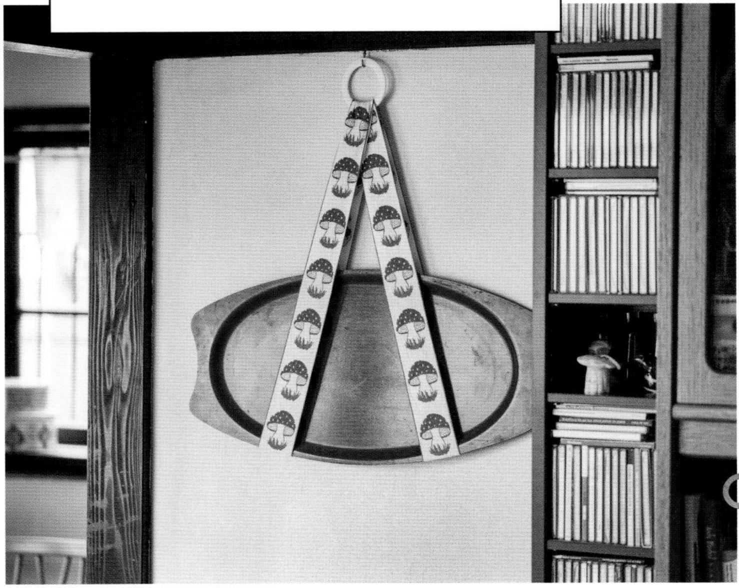

秘かにコレクションしているのが、トレイを壁にかけるための布のハンガー。50〜60年代に流行っていたもので、現地の博物館で当時の暮らしを再現した部屋にも飾ってありました。収納場所に困る大きなトレイを壁に掛けつつ、布の柄も楽しめて一石二鳥。きのこ柄やクリスマスに飾りたい赤の柄など季節に合わせて替えています。

Small
Interior
Ideas
5

Small
Interior
Ideas
6

クロスで棚に目隠しをする

空き瓶や再利用する紙袋などをしまっているキッチンの棚の下には、お気に入りのクロスを画鋲で留めて目隠しに。ちょうど2枚組で見つけた布があり、スパイスポットが並んでいる絵柄はぜひキッチンで使いたいと思っていました。キッチンは壁紙や棚の色、敷いたマットの色も青ベースなので、よく合っていて気に入っています。

ちょこっと飾れる小さな棚を取り付ける

Small
Interior
Ideas
7

アトリエの仕事机の前には、小さなディスプレイ棚を取り付けています。お気に入りのポストカードやレトロデザインの鉛筆削り、形が素敵なボールペン、色のきれいなマニキュアなどしまっておきたくないカラフルな雑貨をぎゅっと並べてディスプレイ。見ていて機嫌がよくなるようなカラフルで楽しいコーナーにしています。

Small Interior Ideas 8

お気に入りのクロスは額に入れて、絵のように

北欧でテキスタイル探しをしていると、アートと呼びたくなるような素敵なデザインがちょくちょく見つかります。テーブルに敷くよりも絵のように楽しみたい、そんな柄を見つけたら額装して飾ります。じつはこのクロスはキルステンの家に同じデザインの色違いがあり、ネットで見つけた時に嬉しくて思わず買ってしまったもの。

Small Interior Ideas 9

木の棒で挟んで掛け軸のように

北欧でよく見かけて、いいなと思っていたのが細い木の棒でテキスタイルを挟んで壁にかけるアイデア。よくよく見てみると接着剤や、ホチキスで留めているだけと雑につくられているものも。バインダーになっている専用ハンガーもありますが、細い木の棒が手に入れば、気軽に手づくりしてしまうのもおすすめです。

essay 02

北欧ベーシックにかかせない、イケア

私にとってイケアといえば、インテリアにおける強弱の「弱」の部分を一手に引き受けてくれる存在。とくに北欧インテリアのベースとなる白を叶えるのに頼れる存在です。イケアの白家具はシンプルの極みで、うるさくないのがいいのです。とくに収納家具が秀逸でワードローブ、本棚、バスルーム……と目的別に耐荷重や奥行きもよく考えられ、組み合わせ次第で空間を無駄なく使うことができます。

最初にイケアのよさを認識したのは25年ほど前、ニューヨークに赴任していた兄の部屋へ遊びに行った時。ほどよくセンスのよいソファやスタンドライト、本棚などが置いてある部屋を見て「インテリアにさして興味はなかったはずなのに！」とそのおしゃれな佇まいに驚きました。そして部屋に置いてあったイケアのカタログに釘付けになり、夢中で眺めました。その後、アメリカに移り住んだ友人が「好きそうだから」とカタログを送ってくれて、日本で買えるわけでもないのに「いいな、いいな」と繰り返し眺めていました。その頃はスウェーデンの会社とは知らず、てっきりアメリカの会社だとばかり思っていました。

私とイケアとの付き合いは、じつはさらにさかのぼります。実家の部屋で子どもの頃から使っていた引き出しと戸棚がイケアのものだったんですよね。２００６年に正式に日本進出するよりもずっと前にセレクトショップで取り扱いがあったのだとか。そういえば母が何度か「イケアってね、ちょうどいいのよ」と話していたのをなんとなく聞いていた気がするのですが「あっ、イケアってこれか！」とつながったのはずっと後のことでした。この引き出しと戸棚はなかなか使い勝手がよく、結婚する時には実家から持ってきていまも現役で使っています。

友人からもらった2001年のカタログは捨てずにとってあり、ときどき読み返すと面白い。

ノルウェーの首都オスロにある、選りすぐりのデザインばかり置くビンテージショップで、シェードが幾層にも重なったユニークなフォルムの照明に目を奪われ、店主に尋ねたところ「60年代のイケアよ」と聞いた時は驚きでした。店主曰く「イケアはシンプルなだけでなく、ユニークでいいデザインもあるよ」と。そう、シンプルで変わらないデザインのイメージが強いですが、流行を汲んだ製品も出していて、スウェーデンのビンテージ専門誌『ＲＥＴＲＯ』では60〜70年代のイケア特集をしていたこともあるくらい。私が子どもの頃から使い続けている引き出しと戸棚も気づけばビンテージ。その『ＲＥＴＲＯ』誌の特集にも載っていたのですよ！

キッチンのリノベーションをする時はイケアにしよう、と決めていました。北欧の友人宅で何度か目にして使いやすそうでしたし、わが家の間取り的にもあのシンプルな構造が合うだろうなと思っていました。結果、大満足なのですが、この時に初めてイケア的アフターケアの洗礼を受けることになりました。

キッチンのワークトップの木材がどうやら不良品だったらしく、設置してから3か月ほどで表面がぼこぼこと浮き上がってきてしまったのです。当初はこちらの使い方に何か問題が？と焦りましたが、どうやらそうではないらしいとイケアのサポートデスクに連絡を取りました。

最終的には新しいワークトップとかかる施工費用はすべてカバーしてもらえることになったのですが、そこまでの道のりがなかなか遠かった。日本のように瑕疵《かし》があったからとすぐに担当者が飛んでくる、ということはありません。サポートデスクに電話をしても担当者がつくわけでなく、電話対応係から決定権をもつ人へと毎回伝言ゲームのようにこちらの事情を伝えるしかないのです。電話口で直接話している人にいくら訴えたところで、その人は上からの指示を伝えるしかできません。日々使うキッチンで、結構なトラブルが起きているというのになかなか話が進まないことに、最初は怒りもありました。でもイケアの製品を選ぶとは、こういうことなのですよね。デザインや品質のクオリティを保ちつつあそこまで安くできるのって、人件費などサービスの部分にお金をかけていないからでもある。安さも魅力で選んでいる以上、日本的な丁寧なサービスを期待するのは無理筋なのです。このやりとりではヒヤヒヤ、イライラしましたが、北欧を旅していてたまに遭遇する郵便窓口やスーパーマーケットのレジでの、日本人的にはちょっと驚く雑でスローな対応を思い出し、自分もだいぶあのペースに慣れてきたなあと苦笑してしまいました。北欧的サービスの洗礼をあちこちで受けていなかったら、もっとパニックになっていただろうなあ、と。

結局、サポートデスクに連絡をしてから、調査が入り瑕疵が認められるまでに2か月はかかったでしょうか（そこからなじみの大工さんに設置を頼むのにまた時間がかかり、ボコボコのワークトップで結局4か月くらい過ごしてしまいました）。交換の際にはワークトップの素材を変えようかとも考えましたが結局、同製品に。しばらくは「もしまた不具合が起きたら同じ経験をするのだろうか……」と戦々恐々としていましたが、その後はトラブルもなく快適に使えています。キッチンの件ではこれぞイケア、これぞ北欧的なサービスを目の当たりにしましたが、それでもやっぱり私はイケア製品が好きですし、今後も選んでいくだろうと思います。

じつはワークトップ交換の際に、水栓金具とシンクも交換してしまいました。格好いいなと見た目で選んだ背の高い水栓金具と角ばったシンクが、私たちには使いにくかったのですよね。ちょうどいいや、勉強代だ、とそこも一緒に取り替えられたのは、トラブルが起きて唯一よかったところでしょうか。もちろん水栓金具とシンクは自腹で買い直していますよ！

収納家具以外で、イケアのおかげで頭を悩ませずにすむようになったものといえばごみ箱と鏡、そして額縁。ごみ箱も鏡も以前はよいデザインだと高い！　とあきらめることが多かったのですが、イケアだとほどほどによいデザインで値段はもちろん良心的。額縁も以前は値段に尻込みしてしまい放ったらかしのポスターが多かったのですが、いまでは飾りたいポスターはみな壁に収まっていますし、テキスタイルやポストカードのなかから「これを額縁に入れてみたら面白いかも？」と思いついた時にすぐトライできるようになりました。何でもいいわけではないけれど、選ぶのにそんなに時間をかけたくない、そんな生活道具が必要な時にはイケアをまずのぞくのが、わが家のお約束です。

実家でずっと使っていて、いまの家でも現役で活躍している“ビンテージ”のイケアの引き出し。

pick up

1

北欧のテキスタイルコレクション

色や柄に惹かれて、気づけば引き出しからあふれるほど集めてしまったテキスタイルたち。季節に合わせて取り替えたり、気分転換に使ったり、おもてなしに彩りを添えたりとわが家のインテリアに北欧の布はかかせません。ビンテージ品から現代デザイナーの作品まで、とくに出番の多いわが家のテキスタイルコレクションをご紹介します。

テラスで活躍する丸型テーブルクロス

北欧の家庭では庭に丸いテーブルを置くのが定番だそうで、専用のクロスもたくさんあります。四角いテーブルに使ってもかわいいのですが、手頃な丸型ガーデンテーブルを見つけて合わせてみたらやっぱり素敵。夫と2人だけの時もガーデンテーブルだけはクロスを敷いて楽しみます。左ページの青の花柄はとくにお気に入りの一枚。

1

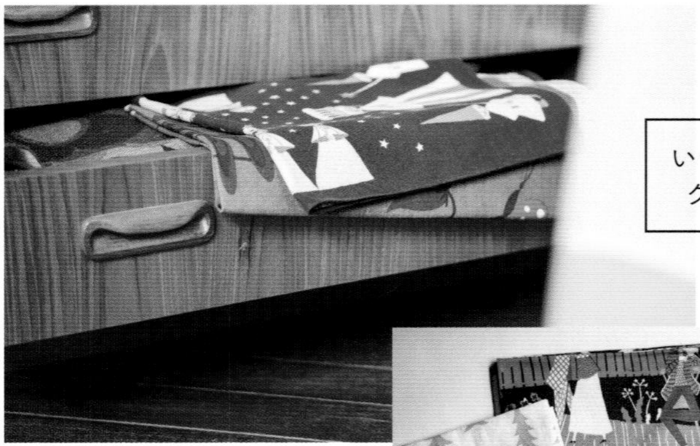

いつも同じではなく、クロスで模様替え

2

1. リビングの引き出しにはよく使うテーブルセンターや壁に飾るテキスタイルを収納。
2. カーテンは季節に合わせて替える。ジャム瓶とベリーの柄（右）は夏の定番カーテンで、スティグ・リンドベリがデザインした『楽園』（中）や、〈ファイン・リトル・デイ〉のもみの木柄（左）は寒い時期に。どれもスウェーデン製。

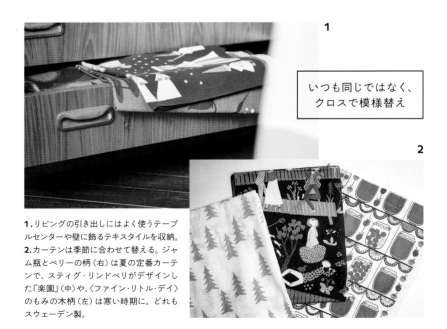

コレクションしているレトロなミニエプロンは来客時に活躍。1950年代に流行していた型で、アップリケがかわいいきのこ柄はおそらく一般家庭でつくられたもの。ほかに民族衣装を着た少女の柄や、パンやベリー、ニシンなど北欧の食が描かれたものがある。片付けなどを手伝ってもらう際にみんなでつけるのも楽しい。

想像がふくらむ
レトロ生地の
手づくりエプロン

アートのように
楽しみたい一枚も

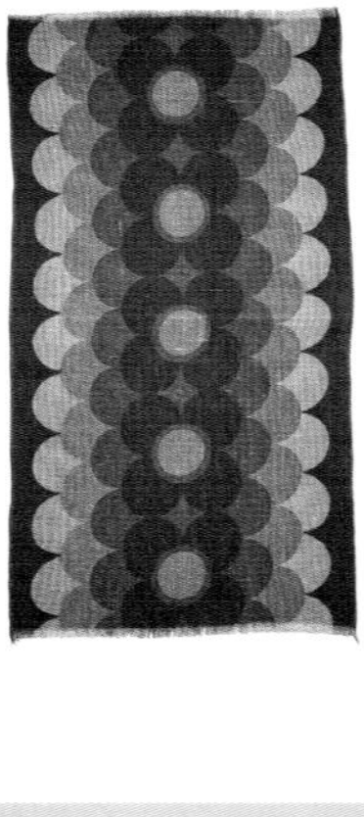

きのこひとつひとつに顔が描かれたクロスは壁掛けして飾りたいような目を引くデザイン。青のテーブルセンターに描かれているのはスウェーデンのルシア祭の少女たち。デンマーク出身で50～60年代に人気を博したオーセ・ヤンスゴーのデザイン。パープルのセンターは70年代を思わせる色づかいが素敵。

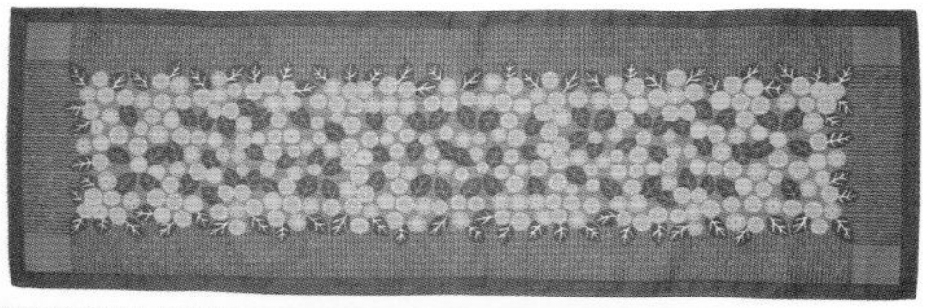

小さくても存在感ある
テーブルセンターたち

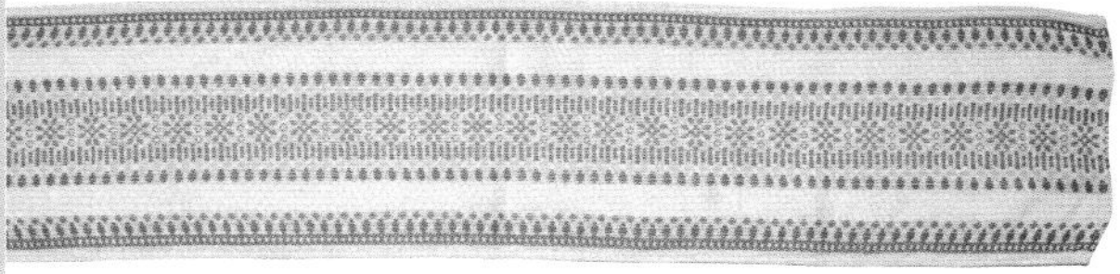

ダイニングやローテーブルに敷くテーブルセンターは、カーテンや花瓶と色を合わせて使っている。　上左／北欧料理にかかせないディルの花と思われる絵柄。　上右／黄色の果実が描かれた一枚は初夏のイメージ。　中／鳥の柄は50年代頃のデザインと思われる。下／刺繍が施された一枚は蚤の市で100円ほどで見つけたもの。

北欧パターンは
身にまとってもよし

パックマンのような蓮柄のスモックワンピースはスウェーデンのブランド〈ファイン·リトル·デイ〉のもの。落ち着いたマスタードイエローの色味で和柄のような雰囲気もある。100%リネンの素材も心地よく、真夏以外は羽織ものとして愛用。家で打ち合わせの時など普段着にパッと羽織るだけで格好がつくのがありがたい。

3.

リノベーションで実践した
ベーシックと工夫

各部屋のリノベーション部分と
北欧スタイルを楽しむ工夫を、
4回にわたるリノベーションのヒストリーとともにご紹介します。

森家のリノベーション物語

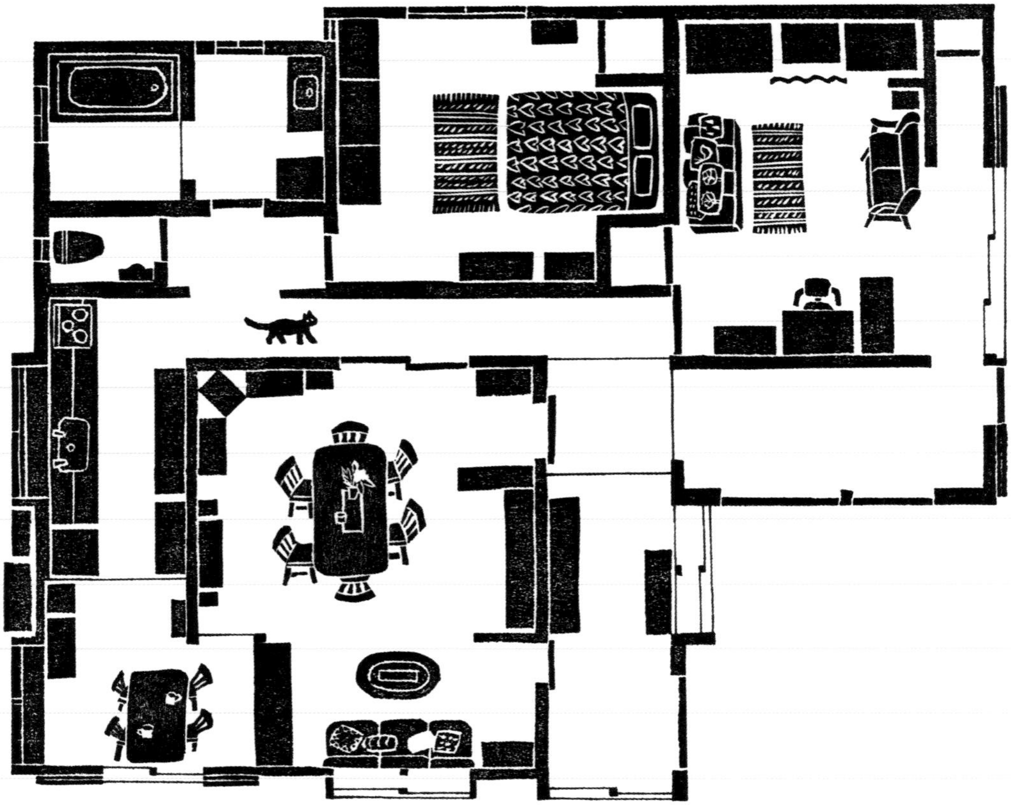

昭和9年築のこの家に、縁あって引っ越してきたのは18年前。最初の状態はそのまま暮らすにはなかなか厳しいものがありました。一部の壁は抜かれ、床下には基礎もなく、板のすき間からは土が見えていました。前の住み手はガーデニング業を営んでいて、植物や資材を置くギャラリーのように使っていたため、一風変わったつくり付けの棚や、すき間を埋めるレンガが残され、部屋の中心にはレンガづくりの手洗い場もありました。当然、冬になれば床からも壁からも外気が入り込み、家のなかにいても吐く息が白くなるほど。幸い寝室とキッチン、水まわりは改修されていたので、不便さも面白がりつつ、なんとか暮らしていました。

リノベーションを決意したのは「大きな地震が来たら危ない」と忠告されたのがきっかけ。壁を抜いたことで家の重心がずれてしまっていて家のためにもよくないと、建築が専門の父や友人に指摘されました。ちょうど仕事で知り合い、親しくなった建築士カップルに相談し、彼らが担当していた築１００年のリノベ物件で施工をしていた大工さんとともに、この家の修復に着手してもらうことになりました。その大工さんにはその後4度にわたるリノベでずっとお世話になります。そして4度とも住みながらのリノベとなり、この家の歴史や造りを見ることになりました。

住まいのヒストリー

- **2001** 東京・高円寺で賃貸暮らし。1LDK（40㎡）。約2年半暮らし、現在使用中の家具の半分はここに住んでいた時に購入。
- **2003** 現在の家に引っ越し。2年弱はそのまま暮らす。不具合も多く、リノベーションを決意。
- **2005** 第1回リノベーション。リビング・ダイニングが中心。床暖房、耐震補強や天井、屋根の補修などもこの時に。工事期間は約1か月半。
- **2011** 第2回リノベーション。アトリエに手を入れ、一部をショップとして独立させる。一時期工事がストップしたが、実働期間は約1か月。
- **2019** 第3回リノベーションはキッチンのみ。工事期間は約3週間。
- **2020** 第4回リノベーション。寝室、浴室、トイレに着工。大きなリノベはこれで終了。工事期間は約4週間。

2005

— リビングダイニングのリノベーション —

4

3

1

2

before

1. 飾り棚やレンガが残され、家具を壁付けしにくい状態だった。 **2.** 南側は4枚の掃き出し窓。 **3.** 屋根の一部にもテラコッタ色の赤土が盛られ、外壁は剥がれている部分も。 **4.** レンガ製の手洗い場が家の真ん中に。柱には赤土が塗られていた。 **5.** リビングからダイニングを見る。もとは襖で仕切られていたと思われる。

5

2

1

1.古い家は歪みが当たり前で、随所で細かい調整が必要になった。　2.床板を剥がし根太（ねだ）、大引（おおびき）、防湿コンクリートを打ち、下地からやり直す。　3.南側の開口は腰高の窓に変更。既存の窓と似た出窓に。

3

4

4.ダイニングとリビングの間につくったカウンター。縁の仕上げは現場で決定。　5.天窓の枠とガラスも新しく交換。板金屋さんが仕上げ中。

リビングの床板を斜め貼りにするための下地づくり。

5

玄関土間のコンクリートの作業中。炭を混ぜて濃い色に仕上げた。

最初のリノベは耐震補強や断熱など命に関わる部分を優先することに。そしてレンガや柱まわりにあったテラコッタ調の装飾、棚を撤去して、この家を本来の姿に戻していくのが目標でした。建築士さんとの打ち合わせは春頃から行い、ちょうどその夏に初の北欧旅行を計画していたので、旅の見聞を反映できるようにと秋からの着工となりました。

解体初日が大変で、天井を開けると長年の埃で辺りは真っ黒に。現れた棟木には名前が記してあり、大工さんに「昔は施主の名前を棟梁がこうして書いたんだよ」と教えてもらいました。「いい材を使っているから、この家はあと100年はもつ」とお墨付きをもらえたのは嬉しかったですね。玄関の柱に彫ってあった飾りについても、「昔の大工はこういうところで腕を見せたんだよねえ」なんて話を聞け、単にノスタルジックに古さをありがたがるのでなく、質のいいものは受け継いでいく価値がある、と考えを改めるきっかけになりました。

古い物件に慣れている建築士の2人からは新しく修復した部分を古い家になじむよう仕上げ材を選ぶコツなどを学びながら、要所要所で最優先すべきことを導いてもらいました。

耐震的にも壁を入れた方がいいとの提案から腰壁にした南側。

<DIY!>

できる部分は自分たちで。
コスト減で、愛着もひとしお

建築士さんからの提案で、リビングの壁の仕上げは自分たちでやることに。作業が難しい天井だけは職人さんにまかせて、壁はすべて建築士さんたちと私たち夫婦の4人で仕上げました。素人でも扱いやすい塗材〈ジョリパッド〉を使い、最初はおそるおそるでしたが次第にコツを習得。お互いの仕上げを褒め称えあったりと、大変ながらも楽しい時間で完成後もたびたび思い出す、よい経験となりました。部屋への思い入れもぐっと深まった気がします。床のオイル塗りは夫が担当。〈ワトコオイル〉を使用し、手際よく仕上げてくれました。

マスキングが肝です

床を塗る！

← After はp.96へ

2011

— アトリエのリノベーション —

床はリビング同様、冷え上がってきて冬はきつかった。

作業部屋だからと割りきって使っていたものの、床の間が残り、段差もあって使いにくかったアトリエ。一部を壁で仕切ってショップにすることも考え、リノベ計画をスタート。友人の建築士に相談しつつ工務店も紹介してもらいましたが、工務店側の事情で工事が中断し、一度目の大工さんに引き継いでもらうことに。欄間などは残しつつ、主に柱を見せない大壁《おおかべ》仕様でシンプルな空間に仕上げました。床暖房を入れ、サッシもリニューアル。

← **After** はp.100へ

スウェーデンの〈ボラスタペーター〉の壁紙は、代理店である〈トミタ〉でサンプルをもらって比較。スティグ・リンドベリのデザインが揃っていて、最終的に葉を描いた『ベルサ』柄に。色違いもあり、悩みに悩んだ。

before

もともと付いていた白い棚が壊れたために後から付けた黄色と水色の棚。テラコッタ調のタイルとはあまり相性がよくなかった。

2019

— キッチンのリノベーション —

右／ルーバー窓からシンプルな木枠の窓に替え、明るい空間に。床を剥がした際にシロアリ被害が判明し、トイレや浴室の床下も危ないかもと言われたことが次のリノベにつながった。　左／イケアから届いた大量の箱は一旦アトリエに収納。

入居時には既に一度改修されシステムキッチンが入っていましたが、光をあまり取り込まない窓や天井の蛍光灯、ベニヤで覆っただけの壁が剥がれかけていたり、気になる部分は多々ありました。他の部屋がよくなったこと、そして前回のリノベ時に大工さんから「あと10年で引退かな」と聞いていたのが後押しとなり入居から15年越しでついに踏みきりました。イケアのキッチンは組み立てが面倒で排水も日本仕様と異なるため職人に嫌がられると聞いていましたが、組み立ては夫が担当し、水まわりも問題なく対応してもらえました。

after

← **After** はp.93へ

2020

― ベッドルームと水まわりのリノベーション ―

洗面台

棚が奥まって壁の凹みもあり、物を落とすと拾うのもひと苦労だった。

トイレ

床もタイル貼りで一部割れがあり、汚れのように見えていた。

before

ベッドルーム

冬は底冷えし、クローゼットのカビ対策も大変だった。

バスルーム

壁に断熱材がないため冷えやすく、床下はシロアリ被害の指摘が。

キッチンのリノベ後、近々寝室や水まわりも着手したいと考えていました。浴室とトイレの床下でシロアリ被害が指摘されていたのに加えて新型コロナウィルスの影響もあり、家にいることが長くなるならと踏みきることに。寝室と浴室の間の壁は双方から収納棚をつくっていたため凹凸が多く、リノベをするなら一緒にやってしまおう、となりました。

　どちらもキッチンと同じく、一度改修されていたものの断熱対策がほぼなかったため居住性が悪く、押入れを改造したクローゼットや奥行きのありすぎる棚など収納面でも問題がありました。またトイレや浴室に使われていたタイルはかわいらしかったのですが、自分たちの好みがはっきりしてくるにつれ、替えたいと思うようになっていました。扉や棚に使われていた合板や生地調の壁紙の質感も苦手で何とかしたい部分でした。

　迷ったのは浴室の壁の仕上げ。全面タイルは大変だし、防水キッチンパネルの質感は苦手と悩んでいたところ、夫が「サウナみたいに木にするのはどう?」と提案。最近の木肌の保護剤は優れているからと大工さんからのお墨付きもあり、めでたく解決しました。

浴室の壁上部と天井は大工さんからのアドバイスもあり木製に。

1

2

1. 寝室の扉は念願の白に。廻縁や幅木も白で統一。　**2.** 浴室で余った木材をトイレの壁に活用。サッシは白くしたかったが予算的に断念。

3

4

3. 寝室の奥の壁は一部、土壁も出てきた。　**4.** アトリエのリノベ時に天井に断熱材を入れていたが、今回のリノベで壁にもしっかり補充。

← ***After*** はp.102へ

<DIY!>

水道屋さんに洗面台や水栓金具の設置と給排水を施工してもらって完成。コンセントの位置や蛇口の高さ、洗面台の深さも狙いどおりに。

ピッタリ収まる！

洗面台

洗面台はあらかじめ寸法を伝えてカット注文していた木材を夫が組み立て。洗面台をはめる穴は大工さんに現場で切ってもらった。

ベッドルームのクローゼット

2mあるクローゼットも一人で組み立てた。大物は「組み立てる向きが大事」と夫。

それぞれのワードローブを吟味して購入した引き出しも、ひとつひとつ組み立てた。

解説書を理解してから着手！

扉を取り付けて完成。玄関やアトリエ、キッチンを経てすっかりイケア職人となった夫。

サイズに迷った洗面台は手づくりに。クローゼットやキッチンも自力で組み立て

わが家に欠かせないイケアの収納家具。組み立てはいつも夫がひとりで担当し、今では立派なイケア職人です。組み立てのコツはまず解説書を最後まで見ること。どのパーツがどの部分にあたるか、すべてのパーツが揃っているかを確認しながら作業の手順を整理します。組み立ての向きも重要で、最終的に扉がどっちに向くかをイメージして着手すること。とくに大物の場合はできてからぐるりと回すのも大変です。作業場所はもちろん、届いた梱包を置く場所があるかも要確認。そして電動ドライバーは必需品。「なければ無理！」と夫。

部屋別リノベーション＆インテリア紹介

キッチン

換気扇の上にはデザインのかわいい空き缶を。蚤の市で見つけたタイマーも活躍中。フライ返しやおたまを入れている水差しはノルウェーから持ち帰る際に真っぷたつに割れてしまったのをくっつけて再利用。

レトロなテイストが映える白ベースの明るい空間に

窓や壁紙のおかげで、すっかり明るくなったキッチン。タイルや照明、換気扇も白で統一して、カラフルでレトロなキッチンアイテムが映える空間になりました。

食洗機を導入したのでシンクは小さめに。前のキッチンから引き継いだ黄色と水色の食器棚もいい具合に収まり、収納力が増えたので壁にかけていた鍋類もすっきりとしまえるようになりました。窓上のスペースには棚をつけずに、開放感のあるままに。

朝の気分が上がるようにと選んだ壁紙は青の『ベルサ』柄。床に敷いた北欧伝統の裂き織りマットも青系を選んだ。

2

1

4

3

1. キッチンシステムはイケアを利用。さまざまな幅の棚を組み合わせればスペースを効率よく使える。　**2.** 黄色の食器棚は以前のキッチンから再利用。オーダーでつくった棚で、いちばん下の段だけオープンにしてよく使う食器を入れている。もともと窓上に設置していたが圧迫感があったので背面に。　**3.** 食洗機もイケア経由で購入。前面扉が他の引き出しと同じ素材で、存在感を消せるのもいい。　**4.** ごみ箱はシンク下の引き出しの中に。生ごみは上段引き出しに収納。使いやすく、じゃまにならない。

北欧定番の
白いキッチンを採用

新築ピカピカのキッチンは、窓にビンテージのレースを付けたり、姉が昔つくった布製の壁掛け収納を冷蔵庫脇に付けたりとレトロテイストを加えて雰囲気を丸くした。

ワークトップより一段高かった窓台の高さを揃えたことで広さが出た。水切りかごやまな板を置いている。

リビング・ダイニング

北欧と日本のデザインが調和するような空間に

もとの姿に戻していきながらアアルトの影響もプラス

入居当時は壁がほとんどなかったリビング。もっとも迷ったのは4畳半のダイニングとの仕切りをどうするかでした。最終的には、建築家アアルトの自邸で見た、段差で空間にリズムをつけ、緩やかに区切る手法を取り入れました。ダイニングから一段下げたメインリビングは、さらに天井の高さを上げることで広々とした雰囲気に。ソファ側は構造材を入れて補強しつつ、憧れのカウンターを実現。こちらも緩やかな区切りとなりました。

1

2

1. 焦茶の柱や長押は、チークの家具や床との相性が案外よく、和と北欧双方のデザインが交わる空間となった。 **2.** カウンターからダイニングが見える。逆にダイニングから見えるリビングの風景も気に入っている。来客時も空間のつながりがあるので、居場所が増える。

扉や壁ではなく、段差で空間を区切る

ヘルシンキで訪れたアアルトの自邸で見た、段差によりプライベート空間と仕事部屋を区切るアイデアに惹かれて取り入れた。

建築当時の面影を
もっとも残す空間は
できるだけ手を
つけずに受け継ぐ

普段の食事をする小さなダイニングはこの家のなかでもっとも当時の造作を残す場所。来客時、気づくと人が集っていることも多い。

1

1. リビングの天井は本来の廻縁（まわりぶち）の高さから少し上げている。構造上、垂直に上げられず、やや内側へと角度をつけて上げた。　**2.** リビングで叶えたかったのが床板の斜め貼り。憧れのヘリンボーン貼りは高くつき、無駄も多いことから折衷案で斜めに。

2

KVARN
kvarn.se

1

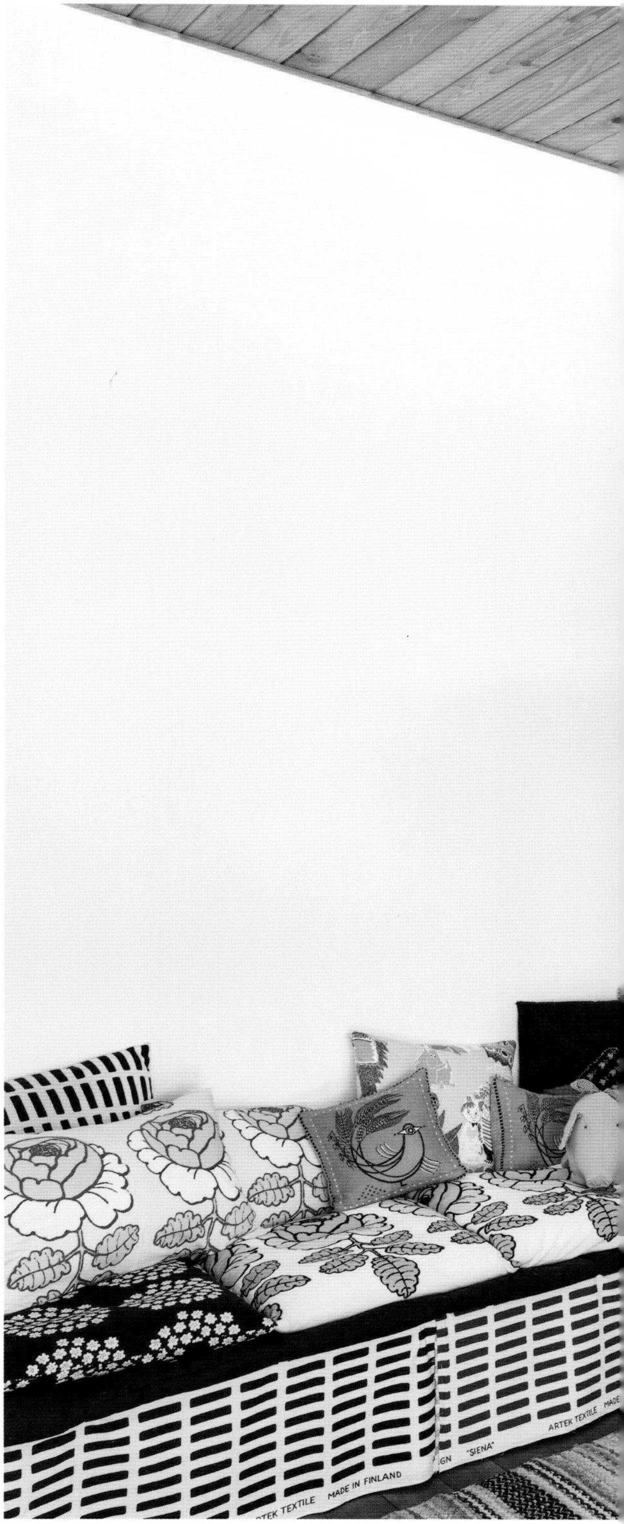

2

アトリエ

1.引き出しケースに天板を置いて布で覆い、ソファベッドのように使っている(耐荷重に関しては自己責任で実践)。プロジェクターを投影するので壁の飾りはなし。　2.襖が入っていた開口部は一部を会津木綿で仕切ってソファを置き、ここから映画を見る。

フィンランドデザインを中心に色や柄で積極的に遊ぶ

真っ白な壁に鮮やかな色彩の〈マリメッコ〉のテキスタイルを大胆に使う。そんなフィンランドらしい部屋をイメージしたのがアトリエ。壁の棚には布コレクションが入っていて好きな布をクッションカバーにして柄や色を組み合わせる実験室でもあります。節目の多い木を使った天井はどこかサマーコテージのような雰囲気。リビングや寝室のようにまとまりを意識するよりも、やる気が出るような遊び心を優先している部屋です。

ベッドルーム

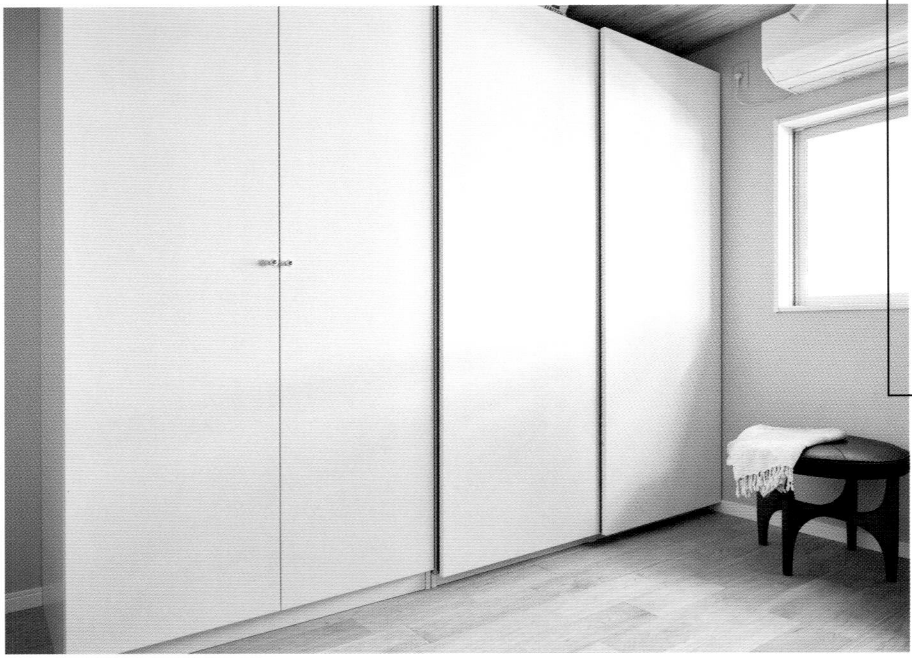

1

1. ワードローブの収納力が上がり、服の片付けがラクに。ベッド横のミニクローゼットと合わせて季節ものやバッグ類も収納。　**2.** グラフィックデザイナー、オーレ・エクセルのポスターも居場所を見つけた。吊戸棚の扉は南洋材を選び、オイルを塗って家具の色と合わせた。

残すべき造作のなかった寝室は思う存分、北欧テイストに

北欧らしい白木の床、またペールトーンの壁色に白の幅木や廻縁が効いた、ヨーロッパでよく見るスタイルを叶えられたのが寝室です。もともと押入れだったスペースにベッドを入れることで空間が生まれ、手前の壁は一面ワードローブ収納にすることができました。下がり天井には白木を貼り、ベッド上の吊戸棚の扉はビンテージ家具と合う色味に。いちばんの自慢はベッド奥の壁紙。ペールブルーの壁紙とよく合い、夢見た空間になりました。

2

4

3

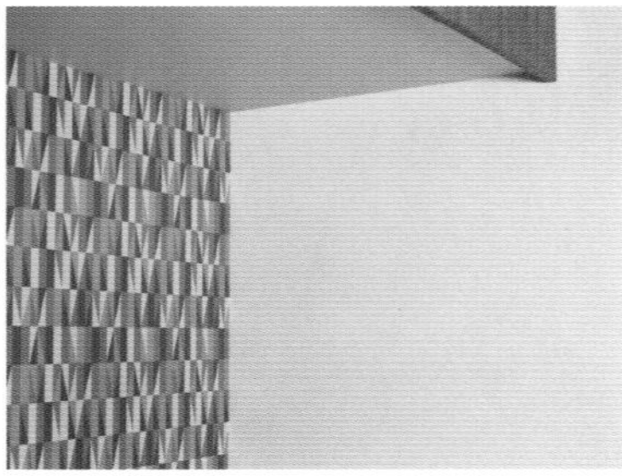

ペイントしたような質感の壁紙を発見

3. 柄の壁紙は〈ボラスタペーター〉社。廃盤になった柄をネット上で探して入手した。
4. 無地の壁紙は〈リリカラ〉のウィリアム・モリスシリーズ。ペンキで仕上げたようなマットな質感で色味も最高。

照明は天井のレールからのスポット照明と、ベッド下、ドレッサーにも配置。ベッド横の小クローゼットはテキスタイルで目隠し。

トイレとバスルーム

トイレはデンマーク、浴室はフィンランド風に

小さな空間で家具も置かない場所だから壁紙で遊ぶのに最適！　と思いついたのがトイレ。デンマークの建築家アルネ・ヤコブセンの壁紙に、コペンハーゲンの街の切り絵アートを飾ろうとひらめき、さらに別の場所で使っていたデンマーク製の照明を組み合わせました。浴室で迷ったのはタイル。アアルトを思わせる細長いボーダー型を選んだところ、木の天井や壁となじんで、フィンランド的空間ができあがりました。

フランスのクリエイター、ファミーユ・サマーベルの切り絵アート。作品が際立つよう、壁紙の余りを使って額装した。

来客も使うトイレの扉は深緑を選んでわかりやすく

浴室、トイレ、寝室と3つの扉が並ぶので、トイレだけボトルグリーンに。3つの建具はすべて〈リクシル〉。

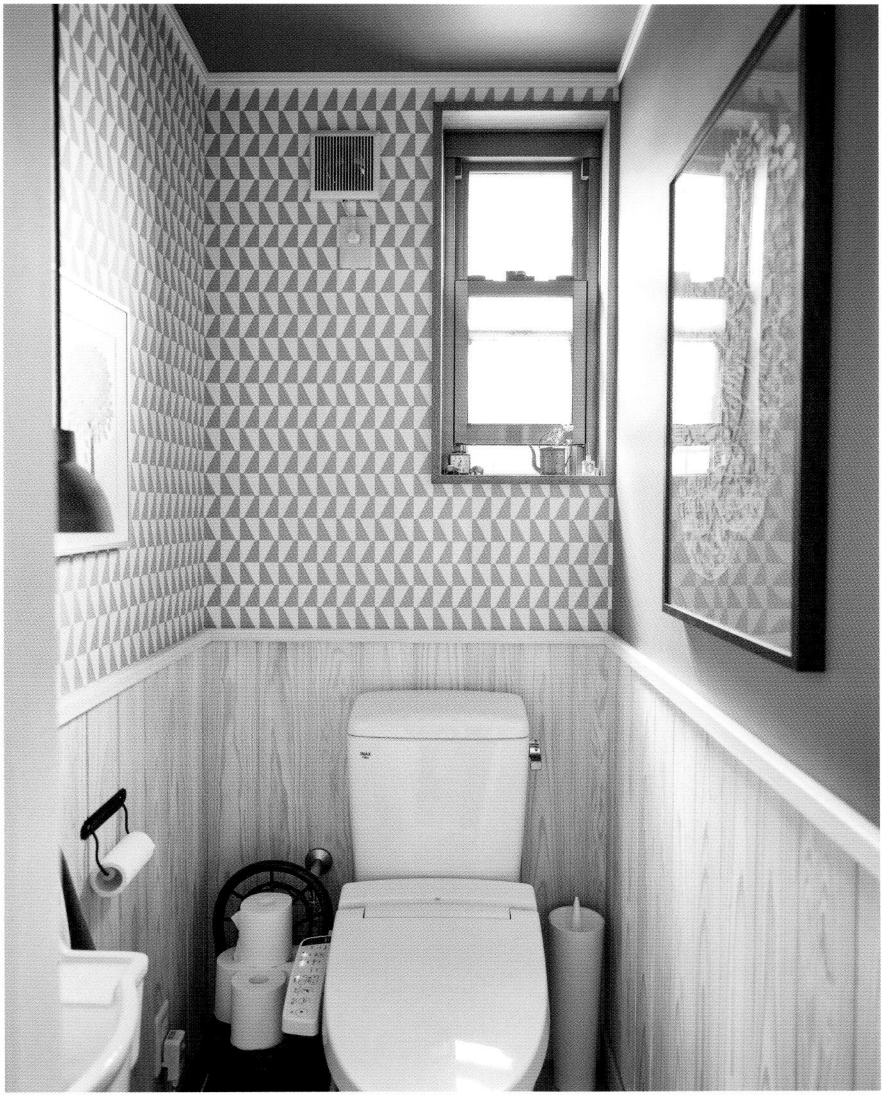

1

3

2

1. 壁紙の図柄は、リビングで使っているスタンドライトの形がモチーフになっている。浴室で余ったスギ材をトイレの下壁に利用。**2.** 手洗いと水栓は〈カクダイ〉でアンティークテイストの製品を選んだ。ペーパーホルダーやミラーはイケアで調達。　**3.** リビングの和箪笥上に吊るしていた〈ルイス・ポールセン〉の照明を、トイレで使っていたアンティーク照明と交換してデンマークでまとめた。

1, 2. 鏡や照明、壁掛け収納はイケアで調達。洗面台も当初はイケアで考えていたが、手洗い洗濯や洗髪することを考えて高さのある水栓金具と深さのある洗面台を〈カクダイ〉で選んだ。浴室正面にあった洗面台を右壁に移動したので、動線が格段によくなった。

1

2

浴室内のシャンプーや石鹸を置く凹み棚の仕上げは、もともと底辺以外は白タイルの予定だったが足りなくなり全面を青に。結果的に満足。

取り入れたいと思っていた アアルトのタイルづかい

窓辺にタイルを貼るアイデアはアアルト美術館のカフェで見て忘れられなかったデザイン。木をしゃくってタイルをはめてもらった。

洗濯機の上部には室内干しもできるようイケアのオープンシェルフを取り付け、タオルや洗面用品のスペアも収納している。

悩みに悩んだ浴室のタイル。建築士の友人に薦められた〈名古屋モザイク〉で偶然見た〈スワンタイル〉の青ボーダーに決定。

小さなパーツ

1

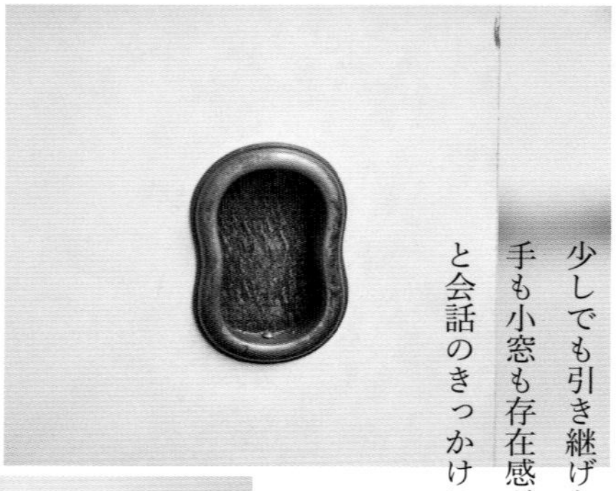

2

1. いちばん目立つリビングの扉にはひょうたん型。螺鈿（らでん）細工や千鳥型にも惹かれたが、チーク材との相性を考えてモダンなタイプを選んだ。**2.** 繭型は小さいのに存在感がある。　**3.** 玄関横の白い扉には松ぼっくり。海外の友人からは歓声があがることも。

3

快適さは細部に宿る。小さな部分の積み重ねが大事

アアルト邸や古いアパートメントを訪れた時、ドアノブやスイッチなど小さな部分のデザインのよさに唸りました。わが家は基本的に引き戸が多く、最初の建築士さんに大正時代創業の金物屋を紹介してもらい選んだ引き手はとてもよいアクセントとなりました。その後、廃業したと聞いて寂しい限りですが、少しでも引き継げたのはよかったです。引き手も小窓も存在感があって、インテリア好きと会話のきっかけにもなるのが嬉しいですね。

一度目のリノベで採用した平たい白スイッチはパチリと押す時の感触も心地いい。アトリエのリノベ時には廃盤になっていたため、入手しやすい〈アメリカンスイッチ〉に。黒いスイッチはもともと廊下にあり、断線していたのを移設して使えるようにしてもらった。

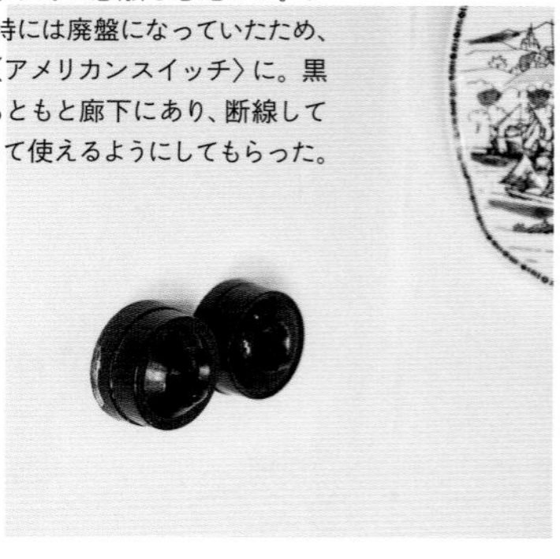

向こう側をのぞいて
みたくなる、小さな窓

本で見たアルネ・ヤコブセン邸の扉の丸窓が印象に残っていて、建具屋さんに相談して扉につくってもらった。夕方に灯りをつけると壁に丸形の影ができるのも面白い。キッチンとダイニングの間に入れた扉にも小窓を。少しでも抜けがあると、つながりができる。

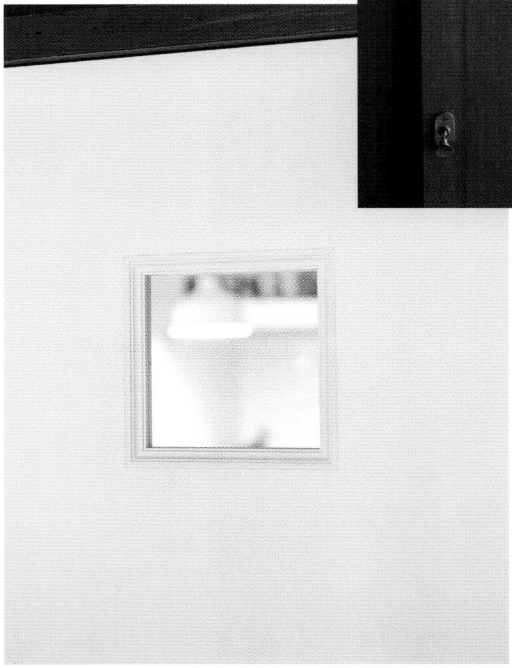

essay 03

完成させず、暮らしながらつくっていく理由

北欧の人々は基本的に、家のことは自分で直したり、つくってしまう人が多いようです。ペンキを塗る作業から、ベランダを増築したり、キッチンのリノベーションなど大掛かりな作業まで自分たちでやってしまうのです。北欧では人件費が高いため、気軽に頼めないという事情もあるようですが、「多少雑な仕上がりでも自分でやってしまった方が自分好みにできるから」がいちばんの理由のような気がします。また夏休みがおよそ1か月程度あって連続して取るのが一般的なので、この期間に腰を据えてリノベーションをする人も多いのです。

暮らしの変化や自分の好みに合わせてマイペースで変えていくのが楽しい、つくっている時間そのものが好きという人も少なくないよう。街を歩けばDIYショップをよく見かけますし、インテリア雑誌の種類も、そこに掲載されるノウハウも多く、DIYショップにはドアノブやらフックやらスイッチやら細かな部品の種類が豊富で、ずらりと並んだペンキを見ても「当時の壁色を再現した色」などバリエーションが見事なのです。

キルステンと知り合ったのは彼女がちょうどもうすぐ定年退職するという頃でしたが、その後、家を訪れるたびにダイニングやリビングの照明が替わっていたり、キッチンがリノベーションされていたりと変化がありました。孫のいる年齢になっても毎年のように家に変化があるのが、私にはとても新鮮に感じられました。日本では結婚や出産、子どもが巣立ってからと、ライフステージの大きな変化に際して部屋が替わることはあっても、それ以外はあまり替えない……そんなイメージがあったからです。彼女とはもう10年ほどの付き合いになり、彼女の娘家族や息子家族の家にも遊びに行ったことがあります。どの家も素敵なのですが、よくよく観察しているとやはりみんな試行錯誤しつつ部屋をつくっていることがわかってきました。子どもたちの部屋を見ても、色の組み合わせ方や、おもちゃや雑貨をどうやったらごちゃごちゃさせずに収めて飾れるかなど、それこそ物心のついた頃から心地よい空間づくりの練習をしているのですよね。そしてキルステンのように孫のいる年齢になってもいまの自分が何を好きで、どう暮らしたいかと、向き合いながらチューンナップしている。そうやって長い目で部屋と付き合っていくのってよいなあといまでは私も思うようになりました。

わが家は4回に分けてリノベーションをしました。一気にやらなかった理由は経済的に限界があったから。最初は打ち合わせをするうちにどんどん手を入れたい部分が増えてしまい、迷いも多かったのですが、建築士さんに「まずは命に関わる部分やベースとなる部分から優先しましょう」とアドバイスされ、その言葉はその後のリノベ計画でもずっと頭に残りました。迷い続けていたキッチンのリノベーションも、ある時すっと「全部いま決めなくていいから、まずはベースだけつくることにして後から考えていこう」と思うことで踏み出せたんですよね。

2度目のリノベーションまでは「直さないと危険、住みにくい」が理由でしたが、3度目以降はそこまで急を要さなかったこともあり、8年ほどの月日が流れました。リノベーションを終え、とても使いやすく見た目も好みになったキッチンや寝室を見て「もっと早くすればよかった！」と思うこともありますが、もし一度にやってしまっていたら、こんな風に納得のいく形にはできなかっただろうなともつくづく思うのです。とくにキッチンは機能性が必要とされる場所ですし、寝室は収納の効率をシビアに考える必要がありました。その「機能性」や「効率」は自分たちがどんな料理をするか、どれだ

け服をもつか、どう生活するかで変わってきます。この家に移り住んだ結婚3年目の状態では、まず決断できなかっただろうと思います。

4回のリノベで、建築士や大工さんとの関わり方も変わりました。1度目は着工まで数か月ほど綿密な打ち合わせを繰り返し、間取り図はもちろん新規の窓や扉もそれぞれ図面を引いてもらって、現場での職人さんとのやり取りも基本的に建築士を通してとなりました。でも古い家あるあるなのですが、現場合わせが多いのです。天井裏や壁などの構造や状態は開けてみないとわからないことが多く、その都度、現状を確認しながら大工さんと決めていきました。幸い大工の五十嵐さんは説明上手で、どんな選択肢があるかを簡潔に伝え、こちらのデザイン嗜好を汲んでくれるのもありがたかったですね。信頼関係ができてくると「五十嵐さんが言うなら」と決断は早くなりました。2度目以降のリノベでは友人の建築士に要所要所で相談しつつ、直接五十嵐さんとやりとりすることが増えていき、3度目、4度目のリノベではほぼ五十嵐さんと直接のやりとりで進めました。ただし細かい寸法や見落としがちな部分についてはプロである友人に立ち会ってもらっています。こうしたよいとこどりともいえる関係で後半2回のリノベができたのも、段階的に進めていったメリットかなと思います。

わが家は4回とも住みながらのリノベーションで、家具や家電は別の部屋へ移動してなんとかやりくりしながらの工事となりました。それぞれ1か月ほど続いたキッチンとバスルームのリノベ時は本当に不便でしたね！　大工さんはじめ職人さんが出入りしての数週間は精神的にも疲れました。でも一方で「天井の梁はいい木を使っているねえ。いい仕事をしているねえ」とか「ここが土壁ってことは、昔は外に面していたのかな」と大工さんと話しながら、この家の構造と歴史を見ることができたのはかけがえのない体験となりました。そして新しい床が貼られ、壁やタイルが貼られていく時のドキドキ、ワクワク感といったら！　ひとつひとつ壊し、できあがっていく工程に立ち会うことで家への愛着が一段と深まりました。

徐々にリノベをしてよかったなと強く思うポイントのひとつが、ドアの取っ手の高さやコンセントの位置など、住みながらじゃないと気づけない小さな部分に気をつかえるようになったこと。1度目や2度目の失敗を、3度目、4度目に活かしたおかげで寝室やバスルームに関しては「やっぱりここにコンセントがあれば」とか「スイッチの場所が不便」といった失敗を避けることができました。一度に全部の部屋で決めていかなければならないとしたら、そこまで気がまわらなかっただろうと思います。

以前は部屋に愛着のある人ほどインテリアには揺るぎがない、と思っていました。でも最近はインテリア好きほど、部屋が少しずつ変化していくのかもしれないとも思います。歳を取ったり、暮らしや好みの変化に合わせて、住まいや部屋を調整していくのは、段々とやみつきになっていくようなのです。

上／家の内側は見違えるようになったが、外観は修復のみでほぼ手を入れていない。　下／古い家ならではの調整や仕上げが必要となるなか、建築士や職人との縁には恵まれた。

暮らし上手は、招き上手

北欧の住まいが素敵な理由って、もしや家によく人を招いているからでは？　と思うことがあります。気軽に招く背景には外食が高いなどの事情もありますが、気に入っている食器や家具をはじめ自分好みに整えた部屋を見せたいという気持ちこそが人を招く大きなモチベーションになっているのではと思うのです。ちょっと気合いを入れて整えたり、いつもと違うアレンジにしてみたりと、招くことで部屋がさらに洗練され、変化していく。そんな循環ができている気がするのです。

そして彼らは気軽なもてなしが本当に上手。食事や飲み物は簡単に用意するけれど後はセルフサービスでどうぞといったスタイルが多め。朝食やおやつの時間にささっと招かれたこともあれば、コーヒーとナッツだけで一緒に過ごしたことも。家に人を招き入れるハードルが低くて「でも、これでいいんだよね」といつも思わされます。

訪れるたびに北欧流のホームパーティを開いて、テーブルコーディネートやインテリアのあり方を見せてくれるキルステンは私のおもてなしの師匠。初夏の庭でいただくパーティからクリスマスの集いまで、キルステン流のおもてなしを、どうぞご覧ください。

1

3

2

5

4

1. 室内に用意されたオープンサンド用のセッティング。各自、好きなものを盛り付ける。 **2.** 食べるのは庭に用意したテーブルで。多少寒くても、太陽が出ていれば外で食事がお約束。 **3.** 伝統的な組み合わせを見て真似をしながらいただく。 **4.** 食べるペースによってテーブルを囲む人数も代わり、会話も流れやすくなる。 **5.** ビンテージ食器の取り合わせも絵になる。

キルステン宅で
初夏のパーティ

⑤ みんなが喜ぶ
伝統のメニュー

サーモンとアスパラガス、レバーペーストに酢漬けビーツ、ニシンに卵など、オープンサンド定番の組み合わせがずらりと並ぶ。「やっぱりこれだね」と言いたくなる安定感。

③ 手づくりメニューは
1〜2品もあればOK

キャセロールに入ったレバーペーストはキルステン自慢の味で、これだけはいつも手づくり。ニシンや小エビなど他の具材は買ってきて、そのまま出すか、調味料とあえるだけ。

① キュウリやトマトは
そのままかわいく出す

オープンサンドにのせる野菜はまるごと登場。各自、必要な分だけカットしていく。野菜をのせているのはお気に入りのチーズボードで、自由な器の使い方も参考になる。

⑥ おもてなしの器が
ここぞとばかりに揃う

数種類のニシンを入れる仕切り付きの器やパンを入れるかご、キャセロールや大皿など、もてなし用の器が勢揃い。柄がバラバラでもまとまり感があるのがさすが。

④ テーブルクロスで
もてなし感をプラス

もてなしの食卓にかかせないのがテーブルクロス。エクステンション部分を広げたり、別のテーブルと合わせるなど食卓の広さが変わってもちょうどいいサイズの布が出てくる。

② もてなしの食卓でも
花は気軽に飾る

庭から摘んできた花を挿しているのは空き瓶。こんな気軽ないけ方でも食卓が華やぐという、いいお手本。テーブルが混み合う時は場所を取らない花器を選ぶのも大切。

キルステンのおもてなしあれこれ

pattern 01

雨の日は小さなテーブルやトロリーまで総動員

天気のよい日は外のテーブルで食べるのがお約束ですが、雨の日は急遽小さなテーブルを出してそちらに食材を移動。普段は畳んでいるトロリーも活用してのビュッフェコーナーに。お皿に食事を盛り付けたら、メインの食卓を囲んでいただきます。

pattern 02

クリスマスはいつもより特別に

クリスマスは一年でいちばんのビッグイベント。長く並べたテーブルに着席式でいただきます。クリスマス用ナプキンが置かれたお皿の横には一人ひとりの名前が。いつもよりおしゃれをして集合し、食後のゲームやプレゼント交換もテーブルを囲んで楽しみます。

pattern 03

日常の延長のような気軽さで

「今日は準備の時間がなかったから、これだけね」と出てきたのはマッシュポテトとおいしそうなクリーム仕立てのシチュー。日本でいったらごはんとカレーといった感じでしょうか。後はパンとサラダと冷蔵庫にあったピクルス。普段着のメニューもよいもの。

pattern 04

夕暮れ時に外でワインと軽食

滞在中のある夜は「今日は外で食べましょう」とサラダとポテテ、白ワインをお盆にのせて庭へ。丸いガーデンテーブルにおあつらえの丸いテーブルクロスを敷いて、いただきます。日が長くなる時期は夕暮れ時の薄明かりがいちばんのアテに。

pattern 05

おつかれさまのディナータイム

昼から続いたパーティが終わり、片付けも済ませた後は残り物にパンとパテ、ピクルスを足して軽いディナー。テーブルクロスは敷いたまま、取皿は普段づかいのプレートに。お腹いっぱいと言いながら、残りものをつついてにぎやかな時間を振り返るのも楽しいもの。

pattern 06

伝統のメニューをいま風にいただく

春に訪れた際、出てきたのは豚肉をグリルしたクリスマスの伝統料理。「これをバーガーにして食べるのが流行ってるのよ」とのことでオープンサンドのように各自で盛り付けていただきました。ナイフやフォークは収納スタンドごとキッチンからもってきて食卓へ。

わが家の招き方

友人が来る時はスウェーデンのレトロな魔法瓶にコーヒーをたっぷり入れておく。おかわりはセルフサービスにして、おしゃべりに集中。1950〜60年代に流行したデザインで、近年また人気が復活している。

北欧の友人たちに年々鍛えられ、いまではわが家も気負わないおもてなしが得意になりました。準備のしすぎはよくない、とさえ思います。スウェーデンの友人が言っていたのは「がんばりすぎて疲れてしまっては意味がない」。気負わないように見えて、北欧の人々にもそんな感覚があるんですね。わが家では持ち寄りにすることが多く、片付けを手伝ってもらうことも。人が入りやすいキッチンだとパーティの時もラクですね。

そしてやっぱり人が来ると思うと、普段より片付けに身が入ります。テーブルクロスづかいも、器の組み合わせも実践こそ上達への近道。人を招いた後は、部屋のなかの収まりが前より少しよくなる気がするのです。

シナモンロールでFIKAタイム

スウェーデン人の大好きな「フィーカ」とは、コーヒーやお茶とともに菓子パンを食べながらリラックスするひととき。シナモンとカルダモンを使った定番の菓子パンは友人に喜ばれるレシピ。ピリッと爽やかなスパイスの香りが、コーヒーによく合います。

香りがたつよう粗挽きのカルダモンを使うのがポイント。ぐるぐる巻きのフィンランド式、ねじって巻き付けるスカンジナビア式と同生地でつくり分けもできる。つくり方は詳しくホームページで紹介（成型の動画あり）。　https://hokuobook.com/recipes/kahvipulla/

つまみやすいので友人宅にもっていくことも多いシナモンロール。かわいいレトロ缶はもち運びしやすく、そのまま出せるので便利。お気に入りの缶はダイニングの窓際に置いて、食べかけのお菓子を収納しておくことも。

クロスは斜めにかけると、サイズを気にせず使える。デンマークの友人いわく「当たり前にやってるからアイデアとは思わなかった」。

サーモンスープでランチパーティ

食事時に集まるなら温かい料理を一品だけ。スープやオーブン料理が定番で、なかでもよくつくるのが失敗なしのサーモンスープです。ヘルシンキで味わった素朴なおいしさが忘れられず、初めてつくった北欧料理でもあります。ライ麦パンがよく合いますよ。

1

2

3

4

1.時間に余裕があればサラダも。北欧で親しまれている大麦をあえた簡単なサラダ。　**2, 3.**ノルウェー家庭の常備品、サバのトマト煮缶は〈カルディ〉などで購入可能。見つけると常備しておく。パンに付けておつまみ代わりに。**4.**スープのレシピは前フィンランド大使から教えていただいたもの。玉ねぎ、ニンジン、ジャガイモを細かく切って、沸かしたお湯に入れ、火が通ったら湯通ししておいたサーモンを切って入れる。最後に生クリームを入れてディルを散らす。1200 mlのお湯に生クリーム1パックが目安。牛乳で代用も可。味付けは塩のみ。

ノルウェー名物ブラウンチーズも日本で買える北欧の味。甘じょっぱい独特の味で、ベリージャムと一緒にパンにのせて食べるのがおすすめ。魚型ボードやオープンサンド用プレートがパーティで活躍。

柄が異なるスープボウルは客人に好きな柄を選んでもらう。黄色がまぶしい〈マリメッコ〉の布は、大きく使ってみたかった柄。

スウェーデンの民芸品ダーラナホース型のナプキンホルダーやヘラジカ型の鍋敷きなど、北欧おなじみのキャラクターは会話のきっかけにもなる。50年代に流行したプラスチック製のパン用かごはテーブルに出すのが楽しみなお気に入りの道具。

pick up

2

北欧の食器コレクション

15年前に初めて行った北欧旅行から買い集めているビンテージの器たち。最初のうちは日本で紹介されるブランドばかりを追っていましたが、現地で見ていくうちに自分好みの色や柄がわかってきました。よく使うサイズのお皿やボウルを中心に集めつつ、時にはどう使うかのイメージがないまま買ってしまうことも。ふと使い方がひらめいた時がまた嬉しいのですよね。あの柄もこの柄も好きと欲張りなので、半端ものを集めて組み合わせて使うことが多いです。

自由な発想でデザインを楽しむ

蚤の市や中古店ではカップ&ソーサーのソーサーだけ売っていることもあり、安く買える。上の2枚は、スウェーデンの〈ロールストランド〉製。ケーキ皿にぴったり。ミルクピッチャーも形が好きで買ってしまう物。薬味やジャムを入れて、来客時に使うことが多い。

洋食器はセットで買わなければと思わなくていい

バラバラな柄を同じ食卓に並べることも。大皿と大きめのボウルはすべて〈ロールストランド〉社の1950～60年代のもの。パスタやパンケーキ、スープやカレーに。フィンランド語で『朝』と名付けられた青い花柄の皿は朝食用（いちばん下）。皿の中央よりも縁にデザインがある方が盛り付けた時の華やかさがあって、おすすめ。

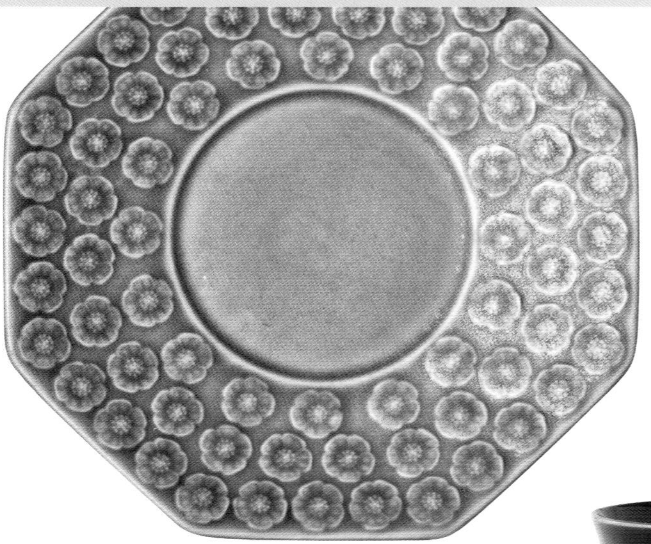

デンマークのデザイナー、
クイストゴーによる和柄の
ようなソーサー。

〈アラビア〉のジャムポットは
キッチンの窓辺に置いて、使
いかけの調味料を入れている。

紺と白の組み合わせが
面白いノルウェー製の
カップ&ソーサー。たっ
ぷり入るのがよい。

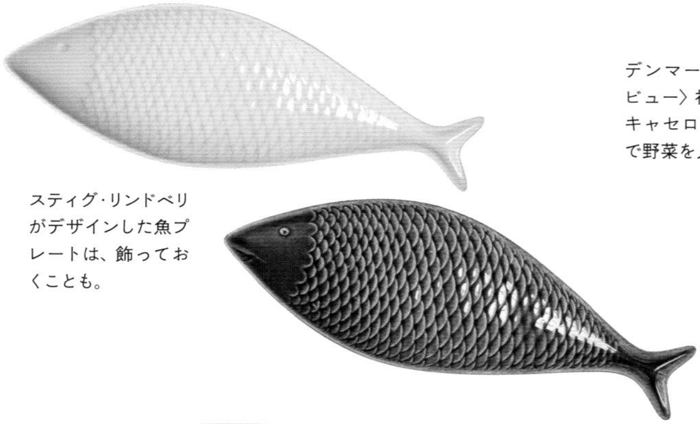

スティグ・リンドベリ
がデザインした魚プ
レートは、飾ってお
くことも。

デンマークの〈リュン
ビュー〉社製の蓋付き
キャセロールには、茹
で野菜を入れる。

プレートとセットでもって
いる数少ない柄。フィン
ランドの〈アラビア〉製。

コペンハーゲンの街を描いた観光みやげの
ようなカップは小ぶりなので薬味入れに。

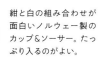

炎にも木にも見える柄に惹かれたボウルと、青のシンプルな柄のボウルはどちらも〈ロールストランド〉社製。普段の食卓でも来客時にも活躍。

使うあてもなく買った〈アラビア〉のピッチャーはキッチンの窓辺に置いて、時折、花を飾る。

フィンランドの〈フィネル〉のやかんは愛着のある一品。目にとまる場所に置いている。

上／スウェーデン語で『栗』と名付けられた丸皿はおもてなしのテーブルだけでなく、普段のスナック入れにも使う。
右／大きめの水差しは、もっぱら花瓶代わりに使っている。

色褪せたチェリーがおかしくて買ってしまったカップは〈アラビア〉。500円ほどで購入。

pick up

3

北欧インテリアのおすすめ参考資料

住まいづくりの熱が高まると真っ先に開くのが海外のインテリア本。わが家の間取りと似た物件をじっくり眺めてアイデアを見つけたり、壁紙やテキスタイルの使い方に刺激を受けたり。繰り返し眺めているうちに北欧インテリアの基本に改めて気づかされることもあります。映画ではより生々しい暮らしぶりや時代のインテリアなど、旅ではのぞけない姿を見られます。思う存分に見比べて、自分好みのスタイルを探しています。

北欧の雑誌&書籍

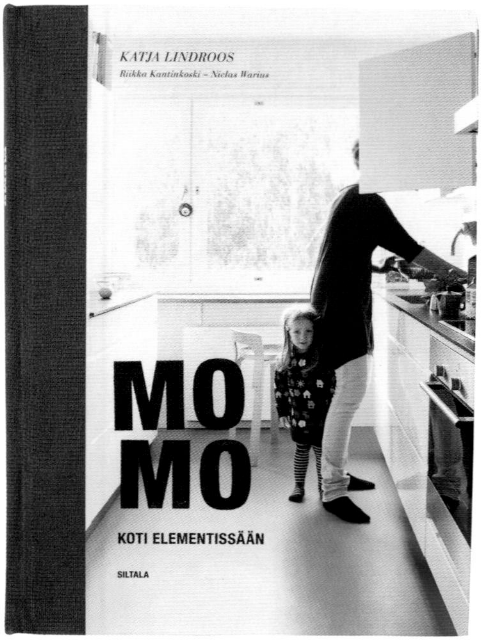

書籍『MOMO』
KATJA LINDROOS著
フィンランド

フィンランドの1950〜70年代につくられた住まいの間取りとディテールを紹介する一冊。家具や照明の配置から、ドアノブやタイル、引き出しの取っ手など細部までが紹介されていて眼福の一冊。MOMOとは"Modest Modernia（モダンで慎ましやか）"の略。

雑誌『BOLIG』
デンマーク

デンマークのインテリア雑誌。モダンな雑誌が多いなか、色を使ったインテリアのアイデアが多め。レシピやライフスタイル全般を紹介する記事は写真を見るだけでも楽しく、いまのデザインを知るのにおすすめ。スカンジナビア航空の機内にも置いてあることも。

雑誌『Hus&Hem』
スウェーデン

スウェーデンでもっともメジャーなインテリア雑誌で、RETROの母体。モダンからカントリーテイストまで、機能的で美しいスウェーデンの住まいの形がわかる。ビフォー・アフター企画などもあって面白い。雑誌名は「ハウス&ホーム」の意味。

雑誌『RETRO』
スウェーデン

年に数回発行されているスウェーデンのビンテージ専門誌。名作から知られざるデザインまで網羅され、毎号テキスタイル特集があるのも魅力。2011年の創刊号からバックナンバーをほぼ揃え、スウェーデンへ行く時は必ず最新号を購入しているバイブル書。

映　画

オンネリとアンネリのおうち

DVD 4180円（税込）／発売元：アット エンタテインメント
販売元：TCエンタテインメント

フィンランドを代表する児童文学を映画化。仲良しの2人の少女がひょんなことから手に入れる夢の家のインテリアは圧巻で、とくに色の取り入れ方が見事。両親の部屋が対照的なのも面白く、じつは骨太な物語も魅力。

ストックホルムでワルツを

DVD5170円（税込）／発売元：東映ビデオ／販売元：東映

60年代に人気を博し、国民的歌手となったモニカ・ゼタールンドの成功までの日々を追う作品。実家の食器棚に並ぶ、いまでは名作とよばれる器の数々や、時代のデザインに囲まれた豪勢な邸宅など、レトロ好きには垂涎もの。

ハロルドが笑うその日まで

DVD 4180円（税込）／発売元：ミッドシップ
販売元：TCエンタテインメント

イケアの進出で家具屋を廃業に追い込まれたノルウェーの男性が国境を超えてイケアの創業者を誘拐!?　主人公ハロルドの家、イケアまみれの息子の部屋、邂逅する少女のトレーラーハウスのレトロインテリアも見もの。

日本の書籍

北欧フィンランドのヴィンテージデザイン
1940～70年代のインテリア雑貨とデザイナー

アンナ・カイサ・フースコ著／ユホ・フットゥネン写真
2750円（税込）／パイ インターナショナル

美術史専門のジャーナリストによるフィンランドのビンテージデザイン解説書。キッチン用品をはじめテキスタイル、照明、家具と項目ごとに紹介し、デザインが生まれた歴史的背景やフィンランドの国民性なども交えつつ解説。各分野の重要なデザイナーも取り上げている。

ストックホルムのキッチン／フィンランドのアパルトマン

ジュウ・ドゥ・ポゥム著／各1980円（税込）
主婦の友社発売／ジュウ・ドゥ・ポゥム発行

パリのシリーズから愛読しているジュウ・ドゥ・ポゥムのインテリア本。クリエイターを中心とした現地のリアルな住まいをたくさんの写真でレポートしている。北欧シリーズもほぼ揃え、インテリアに手を入れたくなったら、まず手にする一冊。

ファイン・リトル・デイ

エリーサベット・デュンケル著
佐藤園子訳／1980円（税込）
誠文堂新光社

スウェーデンの人気クリエイターの暮らしのアイデアを紹介する一冊。日常を綴るブログを本にしたもので、臨場感があり、テーマが移り変わっていくのも面白い。手づくりインテリアのアイデアも多数。

おわりに

インテリアに手間をかけるのは、贅沢なことではありません

「食べるものがあなた自身になる」とはよく言われますが、住まいもそういうものかもしれません。

スウェーデンの思想家であり、20世紀初頭にかけて子どもや女性の権利のために尽力した活動家のエレン・ケイは「日常を美しくする」ことの大切さも熱心に説いていました。彼女が記した「すべてに美を」というテキストは後に北欧が住まいや暮らしのデザインをよくしていく大きな流れを生むきっかけにもなりました。ケイは「住まいを整え美しくすることは健康的な暮らしにかかせないこと」と考え、「家具や壁紙、生活道具を選ぶ目を育て、美しいものと暮らすことが豊かさにつながる」と説いていました。良質な製品を誰もが手にできるようにすべきとも訴え、貧富の差に関わらず、郊外の大きな一軒家でも都会の狭いアパートでも等しく、美しい暮らしはできると説いていました。

北欧の国々はしあわせの国と呼ばれたり、社会福祉が充実した理想の国と評されることが多いです。現実はそう単純なものではありませんが、それでも人々の社会参加への意識が高いこと、社会をよりよくしようとの意識が高いことは本当だといえます。それは、彼らの住まいが充実していることと無関係ではない気がするのです。自分の居場所をもつことで、社会に向き合い、時に批判する強さをもてるのではないか、と。エレン・ケイが説いていた住まいをよくすることとは、つまり社会をよくすることにつながっていくのではないかと思うのです。

センスが磨かれるには時間がかかります。私も試行錯誤の繰り返しです。でも意識をもって取り組めば、必ず前よりよい選択ができるようになります。誰かにいわれるがままでなく、自分で選んだり組み合わせてつくり上げた住まいは自信をもたらしてくれます。

20年前、高円寺の１ＬＤＫのアパートで新生活をはじめた時に、天井に取り付けられていた照明を外して〈ルイス・ポールセン〉のガラスのペンダント照明をつけた時に「灯りでこんなに部屋って変わるんだ」と大げさでなく感動したことは、いまもリアルに思い出すことができます。あれは自分たちで選んだものが、目の前の暮らしを豊かにしてくれた瞬間でした。

20世紀初頭まではヨーロッパでもとくに貧しい国々だった北欧。光の差さない暗い冬が長く続く土地で、美しいインテリアには暮らしや考え方を明るく照らす力があると気づいた人々が編んできた知恵は、いまコロナ禍で苦しむこの時代に、真に役立つのではないかと私は思っています。

自分の居場所をよくすることは、そこから一歩出て、社会と向き合うために必要なことだと私は信じています。だからこそ、住まいをよくするために役立つ北欧の知恵やアイデアを、これからも紹介していきたいと思っています。

ISBN978-4-7562-5458-0 C0077
Printed in Japan

ご注文、乱丁・落丁本の
交換等に関するお問い合わせは、
小社までご連絡ください。

日本の住まいで楽しむ 北欧インテリアのベーシック
2021年3月6日　初版第1刷発行

著者　森 百合子

撮影　木村文平（右記を除く）　森 正岳（1章、P.85～91）
デザイン　漆原悠一　栗田茉奈（tento）
イラスト　花松あゆみ
編集　加藤郷子
制作・進行　及川さえ子
Special Thanks　Kirsten Bak　Maria Jernkvist　Sofie Strøbech

発行人　三芳寛要
発行元　株式会社パイ インターナショナル
〒170-0005 東京都豊島区南大塚2-32-4
TEL：03-3944-3981／FAX：03-5395-4830
sales@pie.co.jp

印刷・製本　株式会社廣済堂